SOLO FLUTE

MARCEL MOYSE

SELECTED EXERCISES *and* ETUDES *for* FLUTE

Exercices et études sélectionnés

Compiled by Sonora Slocum

ISBN 978-1-5400-9582-4

ALPHONSE
LEDUC
ÉDITIONS MUSICALES
EXCLUSIVELY DISTRIBUTED BY
HAL•LEONARD®

Visit Hal Leonard Online at
www.halleonard.com

Contact us:
Hal Leonard
7777 West Bluemound Road
Milwaukee, WI 53213
Email: info@halleonard.com

In Europe, contact:
Hal Leonard Europe Limited
42 Wigmore Street
Marylebone, London, W1U 2RN
Email: info@halleonardeurope.com

In Australia, contact:
Hal Leonard Australia Pty. Ltd.
4 Lentara Court
Cheltenham, Victoria, 3192 Australia
Email: info@halleonard.com.au

CONTENTS

NOS. 1–4, 1–4bis

from *De la Sonorité, Art et technique*

Cet exercice doit se travailler avec beaucoup de liberté dans le mouvement sur une base de 60 à la noire ; répéter deux fois chaque groupe en modifiant, corrigeant les défauts remarqués dans la première exécution. On peut même, si c'est nécessaire, recommencer une troisième fois, mais sans trop insister pour éviter la fatigue à la fin de l'exercice.

Détail très important : chaque fois que la note longue paraît belle, respirer vite de façon à la retrouver aussi vibrante et essayer d'obtenir la note suivante dans une même couleur.

This exercise should be practiced with a good deal of latitude in the tempo, fundamentally crotchet = 60. Repeat each group twice, altering and correcting the mistakes notices in the first attempt; if necessary one may even start again a third time, though in order to avoid fatigue at the end of the exercise one should not be over-zealous.

A very important detail: every time the long note appears to have a fine tone, take a quick breath so as to return to it with equal vibrancy, and try to continue with the same color for the following note.

Respiration expressive, son clair, bien lié
Expressive breathing, clear tone, legato

Nuance "ad libitum" pour faciliter le début du travail; puis chercher les nuances qui paraissent plus difficiles - à titre d'indication: commencer mf et diminuer progressivement jusqu'a Do grave.

*To make practice easier in the earlier stages, take the dynamics "ad libitum"; then find the dynamics which seem most difficult. As one example, being **mf**, then gradually diminish through to the low C.*

1

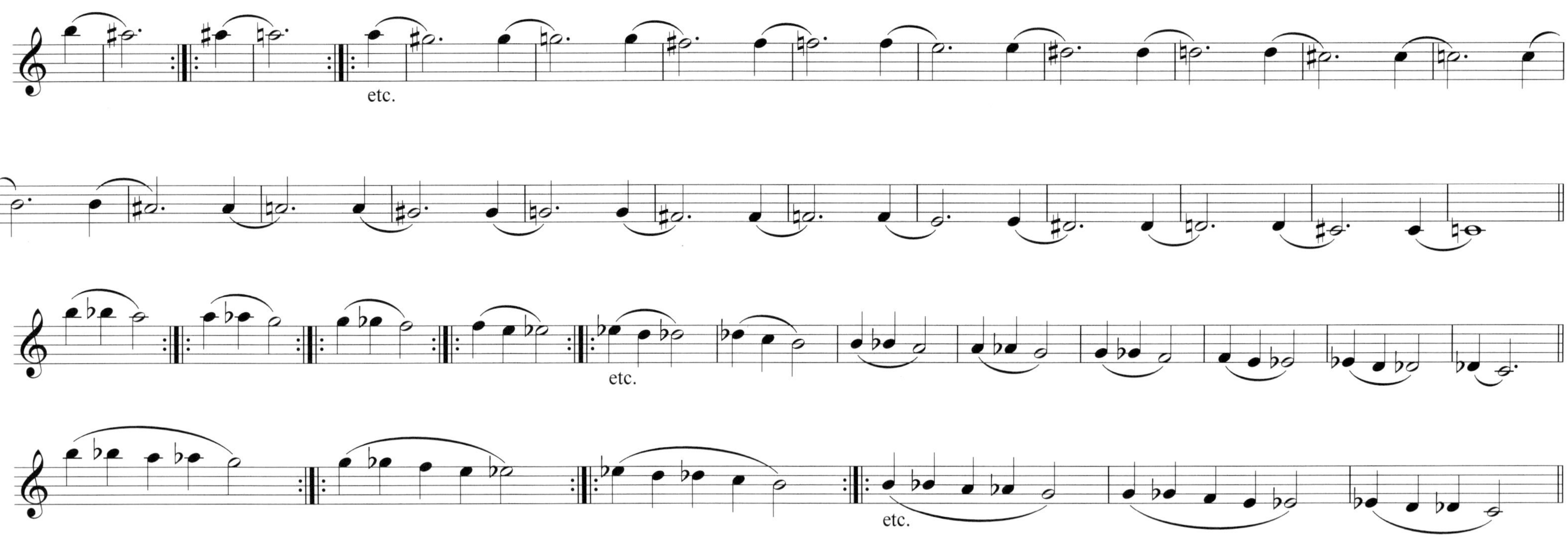

Ces derniers exercises étant plus longs, les faire dans un mouvement se rapprochant de plus de 130 à 150 à la noire.

Since these concluding exercises are longer, take them at a tempo increasingly close to crotchet = between 130 and 150.

2

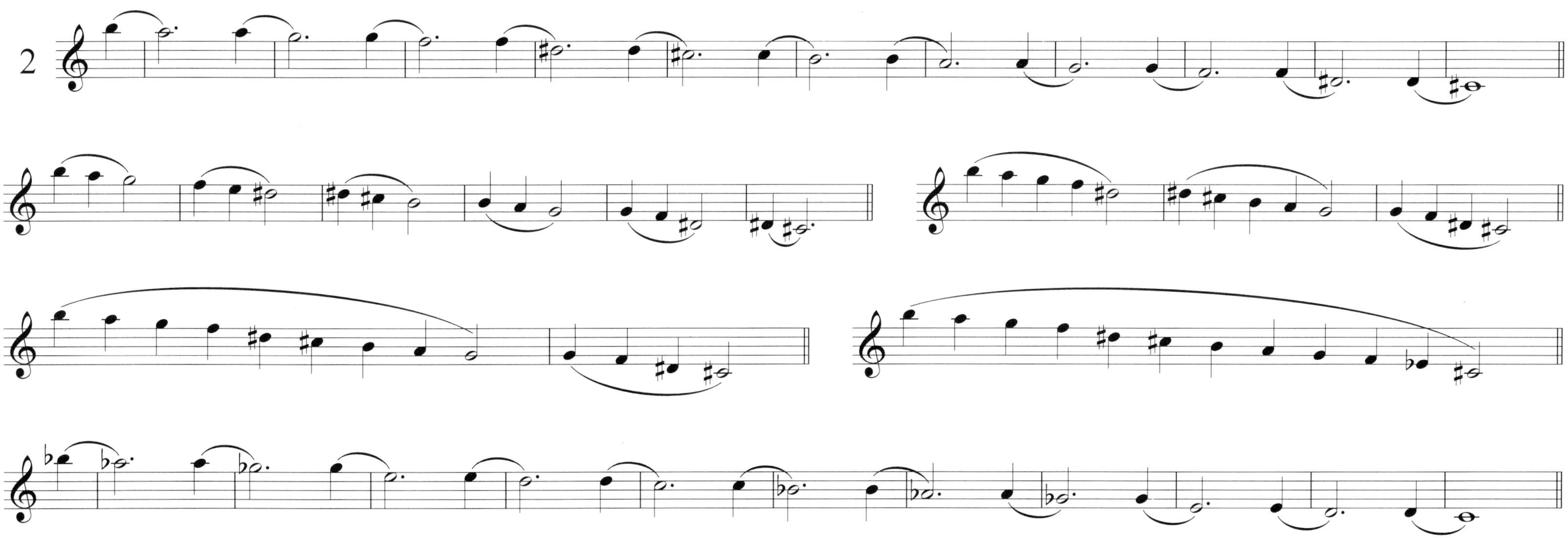

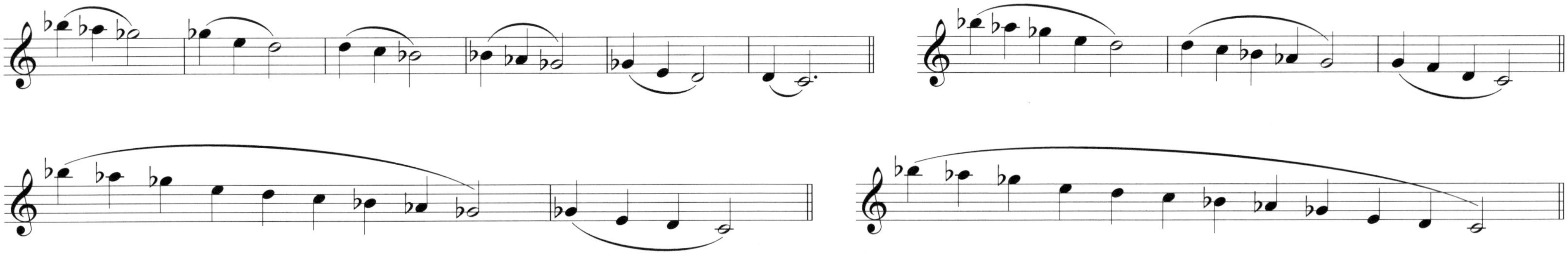

3

4

Pour le troisième registre, l'aigu, les notes sortant toutes par la pression des lèvres et des combinaisons de doigtés, la longueur de la colonne d'air ne joue pas toujours un rôle prépondérant, principalement dans les notes émises piano.
Passer du medium dans l'aigu, en essayant de conserver la couleur et la position d'embouchure des dernières notes medium.

In the 3rd – high – register, the notes are all produced by lip pressure and fingering combinations, so that the length of the column of air does not play a predominant part, especially when the notes are played piano.
Move from the middle to the high register, trying to retain the timbre and the position of the embouchure used in the top notes of middle register.

Ne jamais jouer crispé ; la mâchoire légèrement tendue dans les piano, mais tout à fait détendue dans les forte ; de même pour les lèvres : une pression assez soutenue pour les ***p*** mais beaucoup moins pour les ***f***. C'est un excellent moyen pour jouer moins haut : serrer juste un peu la colonne d'air à sa sortie pour empêcher sa diffusion en dehors du trou de l'embouchure, et si en travaillant on se surprend les muscles contractés, essayer tout en continuant à jouer une détente générale et subite de tous les muscles. On sera alors surpris d'obtenir d'aussi bons résultats, par la suite même de meilleurs, et naturellement avec beaucoup moins de fatigue.

*Never play in a contorted way; the jaws should be sligthly tense for **p** but completely relaxed for **f**. Likewise the lips: fairly sustained pressure for **p**, but far less for **f**. Here is an excellent method for playing less sharp: very slightly constrict the column of air as it comes out so as to prevent it from being diffused outside the hole of the mouthpiece; if whilst practising you discover that you are contracting your muscles, try to relax them completely and suddenly while still continuing to play, and you will be surprised how good the results will be, and indeed they will subsequently get even better and, of course, with much less fatigue.*

A travailler dans une nuance ***mf***, son ample et large.
*To be practiced **mf**, with a full broad tone.*

1bis

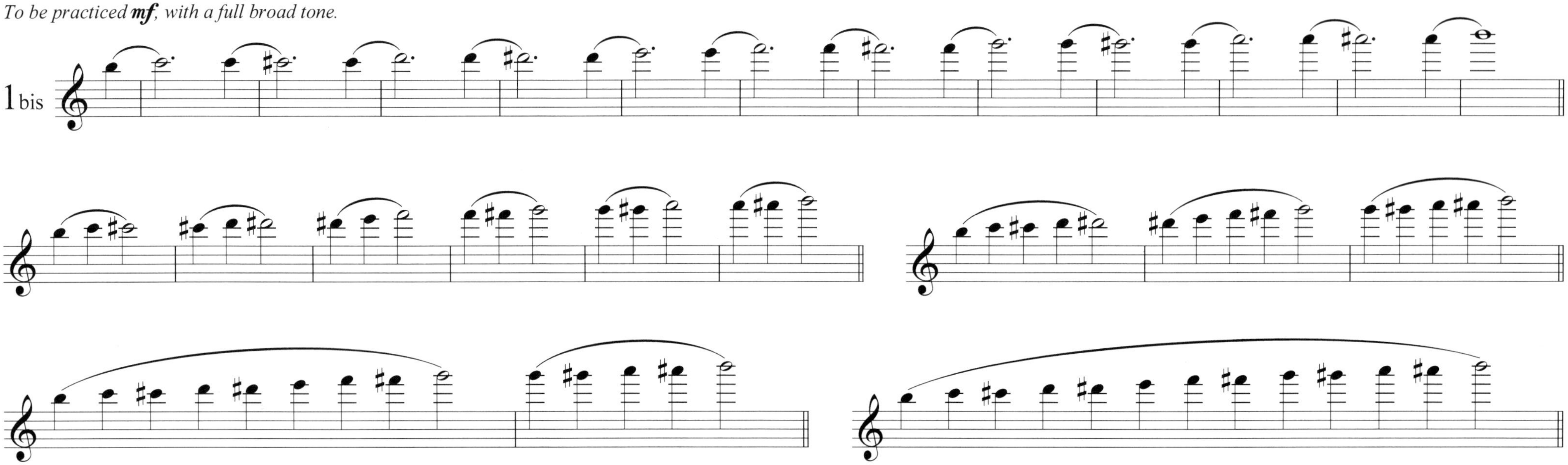

2bis

3bis

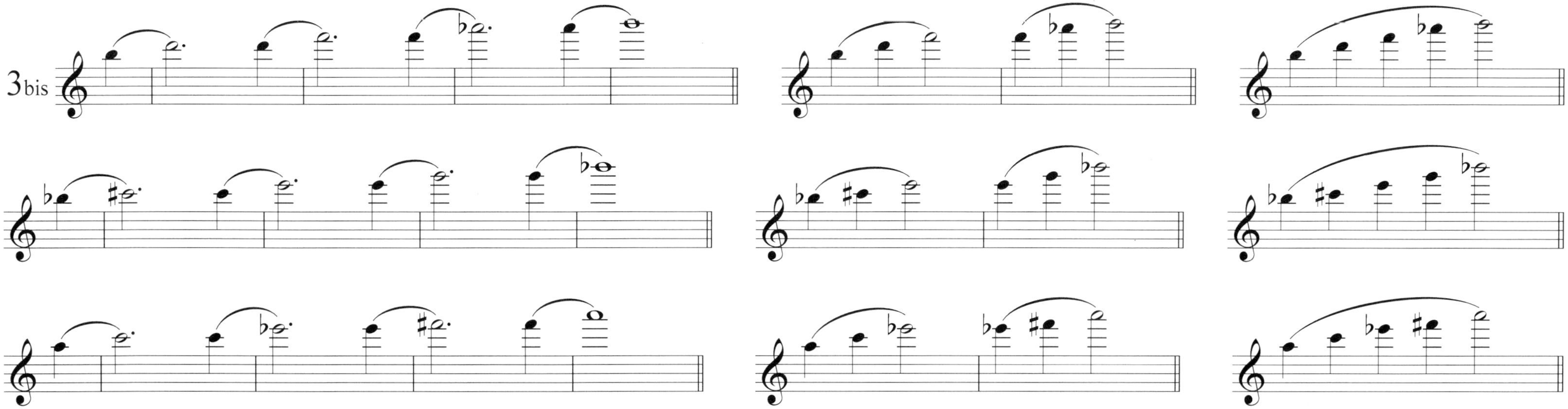

4bis

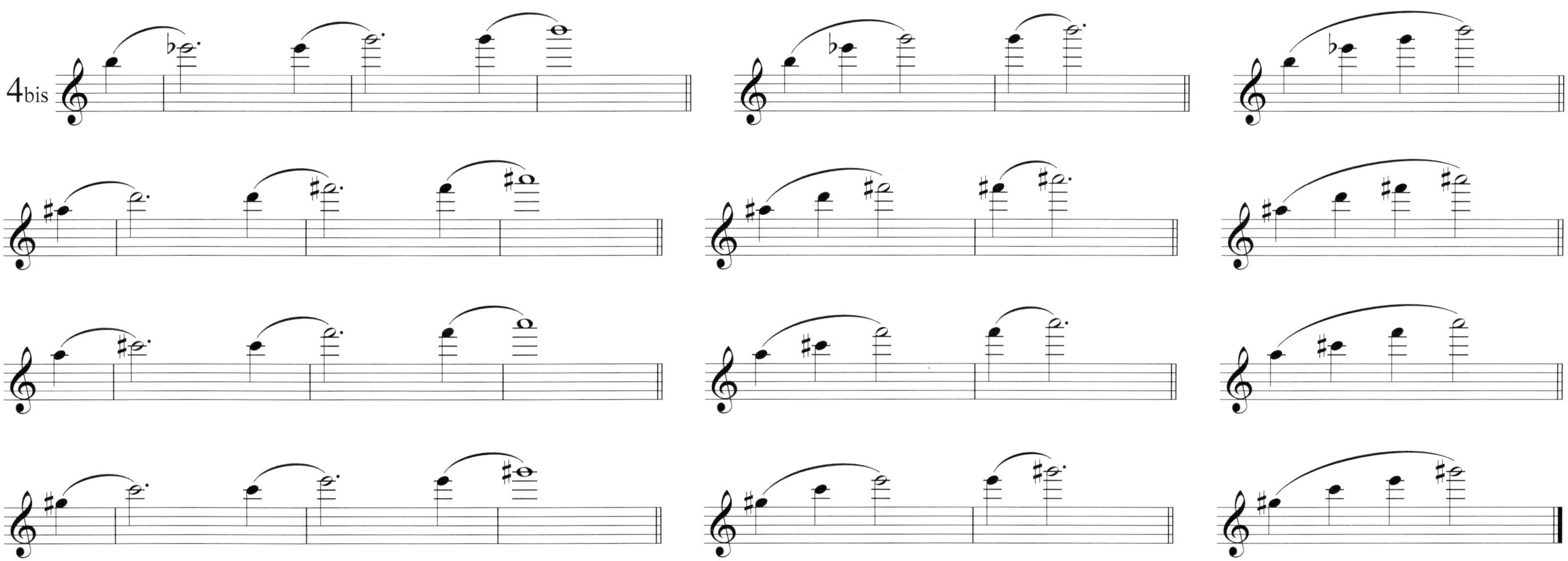

NO. 8

from *Études et exercices techniques*

A travailler en simple et double coup de langue et des deux manières suivantes :
To be practiced with single- and double-tonguing and in the two following ways :

double
double

triple
triple

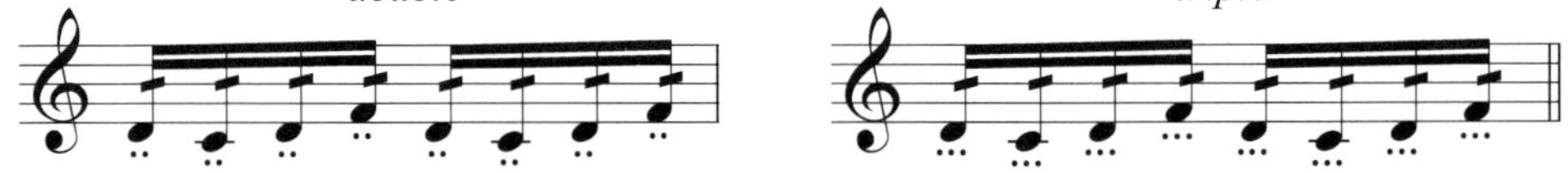

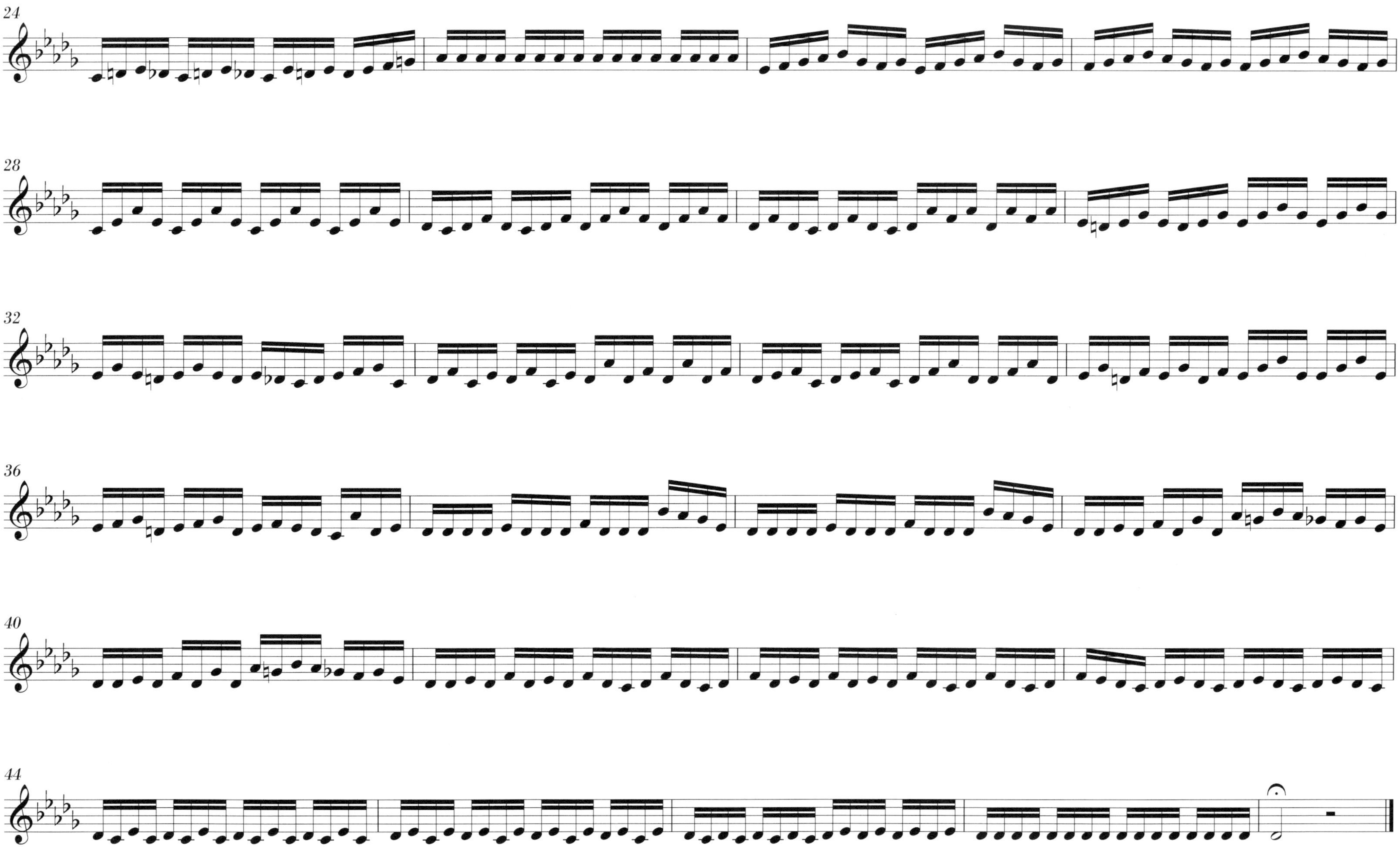

Cet exercice est également très bon à travailler lié.
It will be found equally beneficial to pratice this exercise legato.

NO. 12

from *Études et exercices techniques*

A travailler comme le N° 8 en simple et double coup de langue et des deux manières suivantes :
Practice as with No. 8, with both single- and double-tonguing and in the two following ways :

double
double

triple
triple

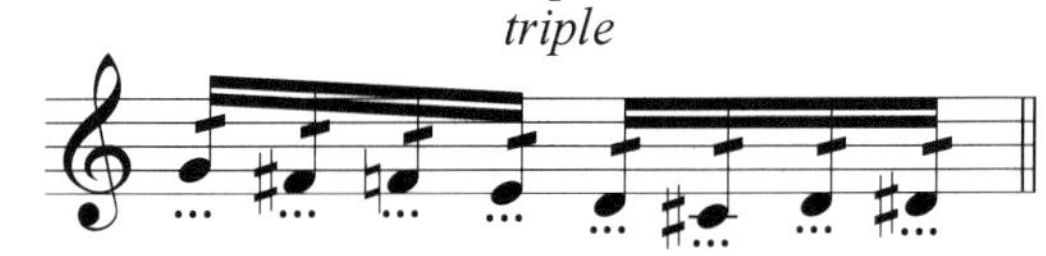

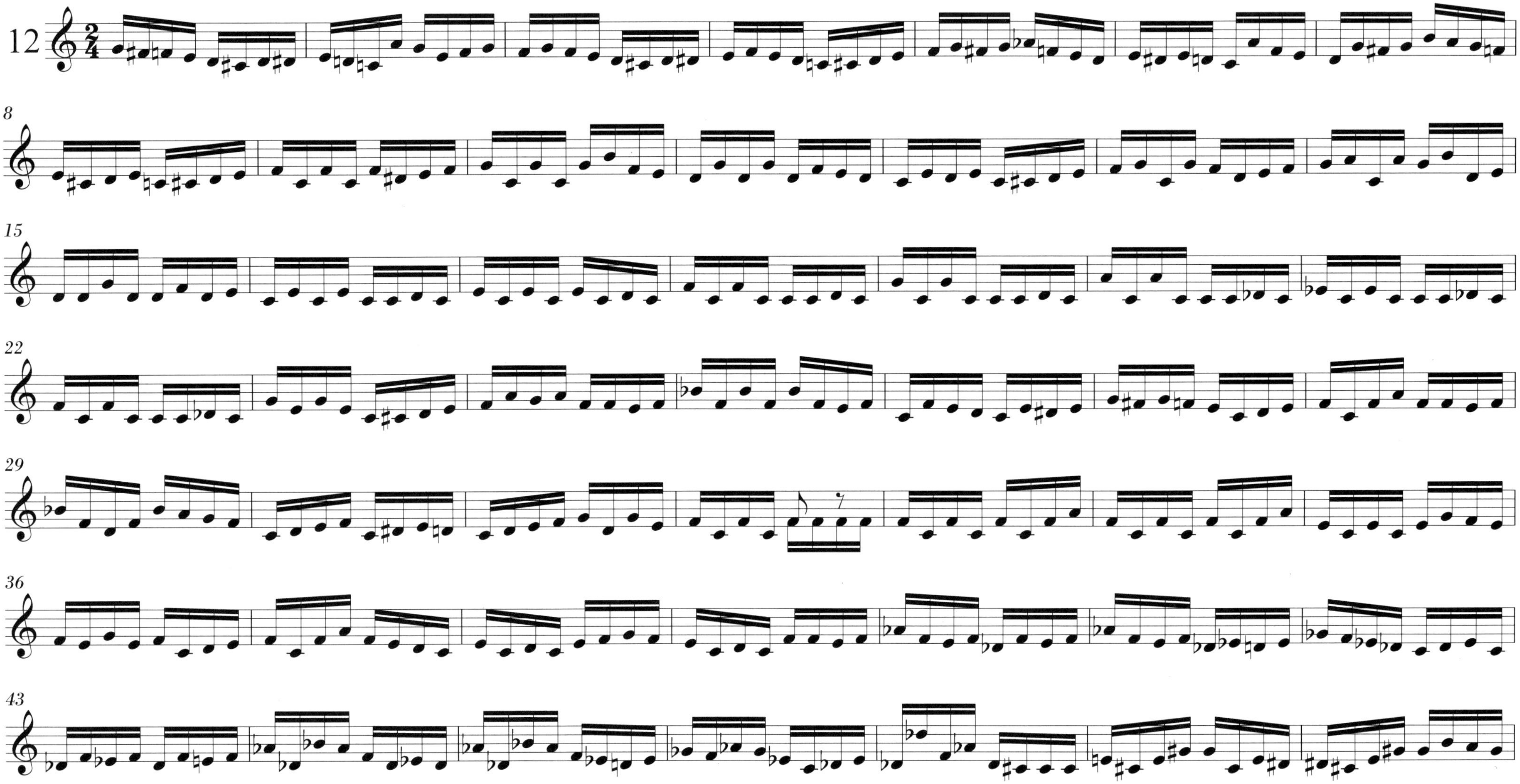

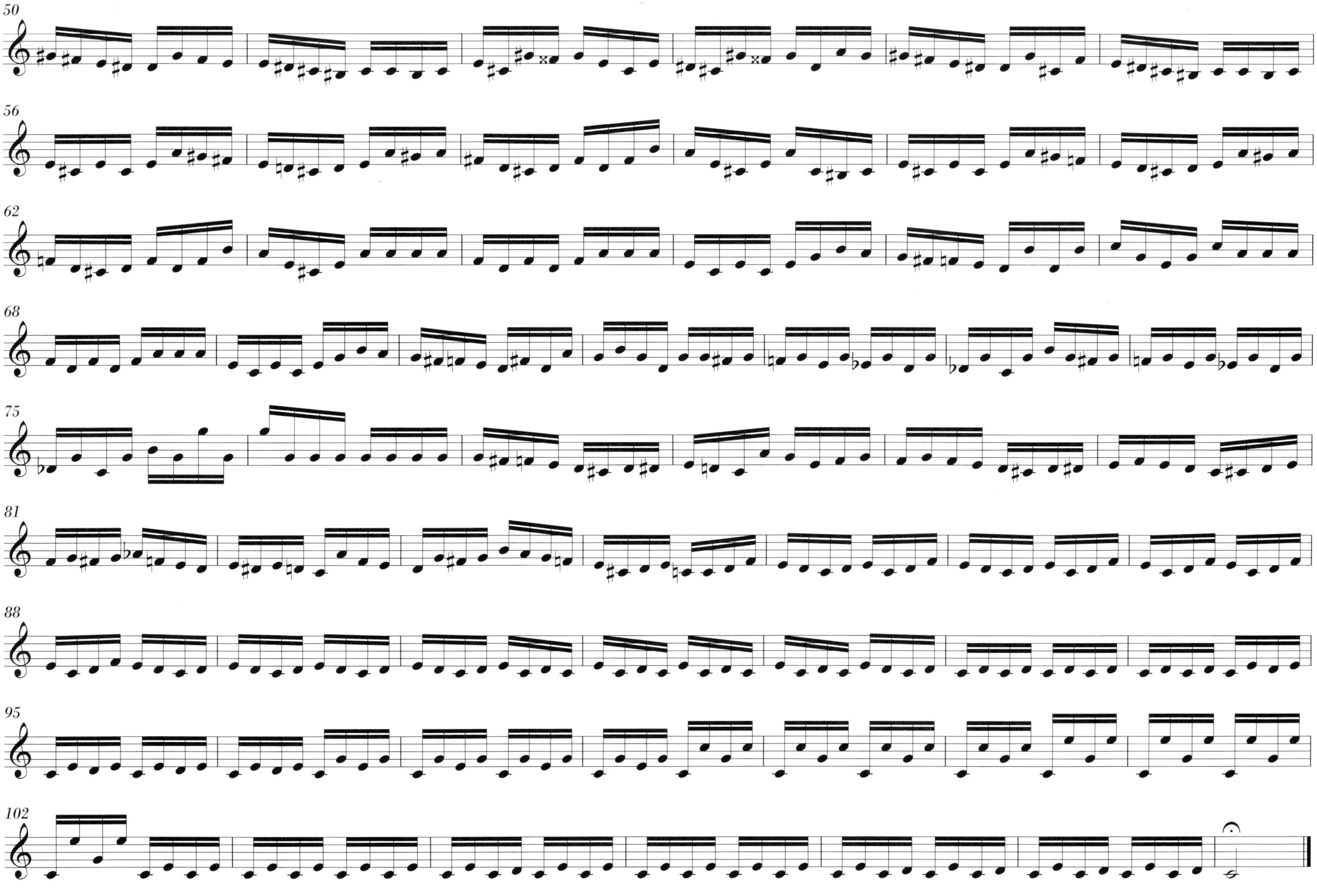
50
56
62
68
75
81
88
95
102

NO. 5 POINTS D'ORGUE

(Pauses)

from *20 Exercices et Études*

A travailler également lié.
To be studied legato also.

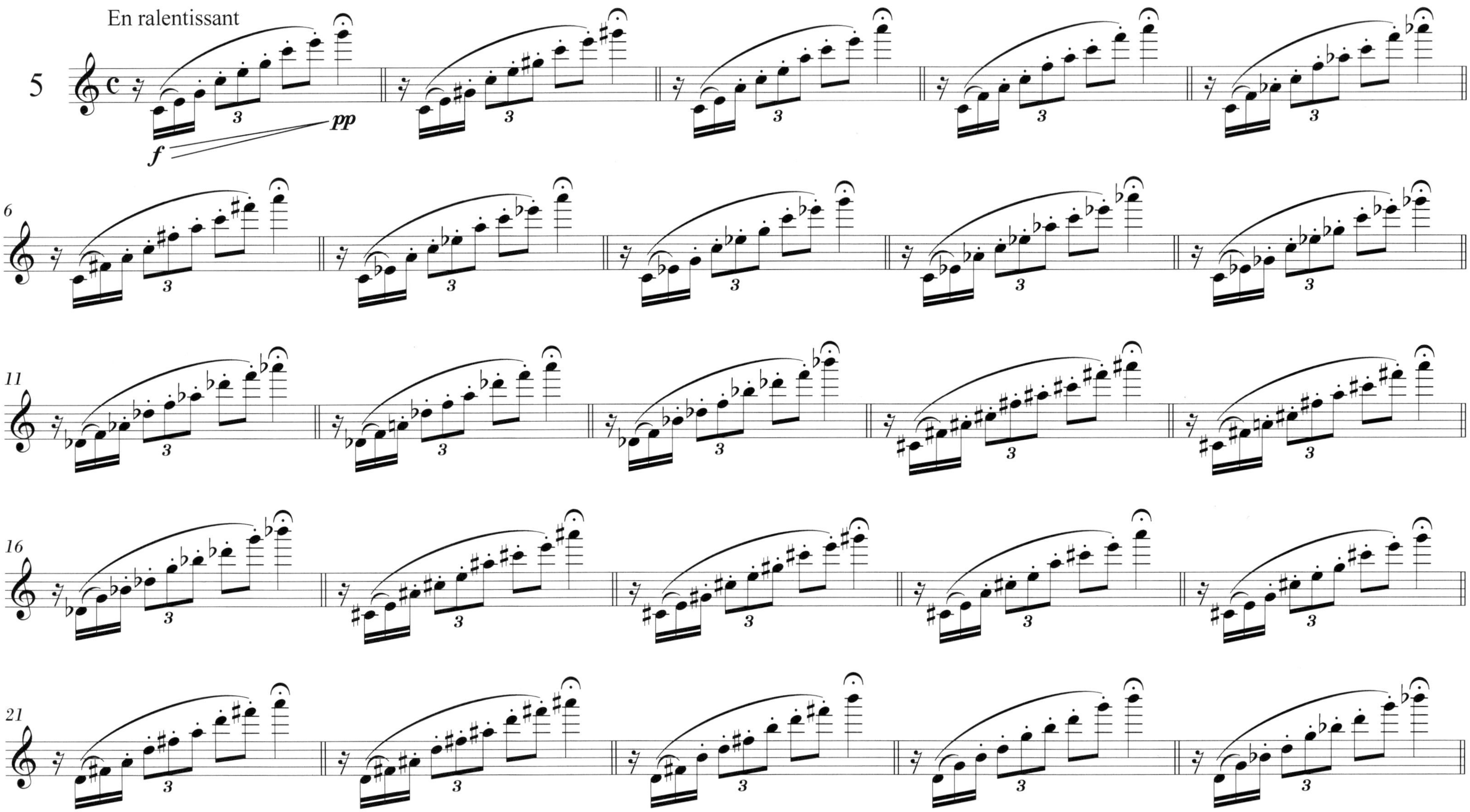

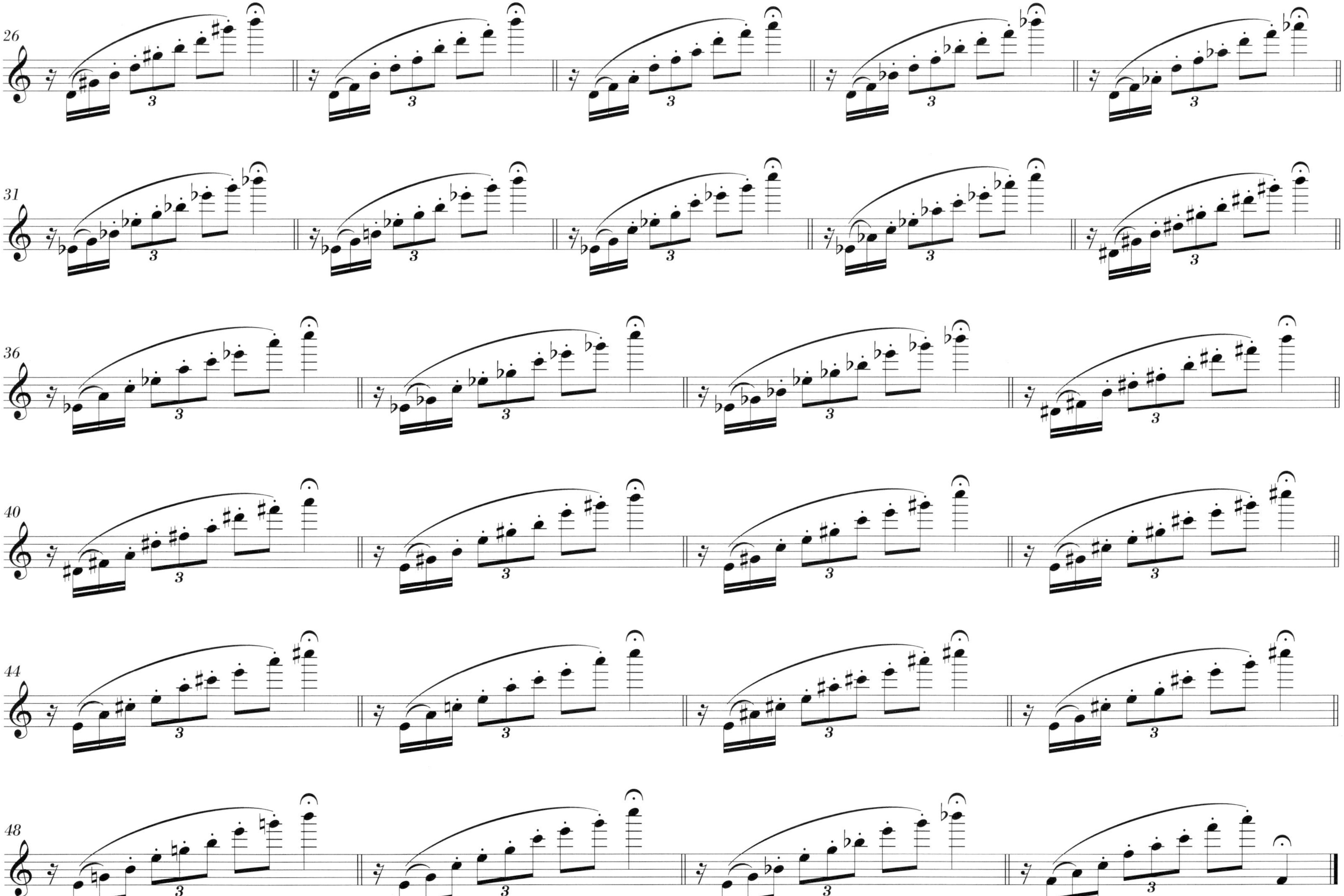
26
3
31
36
40
44
48

NO. 6 OCTAVES ET PETITES NOTES

(Octaves and Grace Notes)
from *20 Exercices et Études*

Cet exercice pourra se travailler dans plusieurs mouvements. On ne possède jamais trop d'habileté pour faire des octaves, mais il sera nécessaire de toujours bien soutenir la croche: l'effet obtenu ainsi est toujours plus joli; et si dans l'exécution d'une œuvre, seul le style doit guider, dans cet exercice, cette manière de travailler obligera à observer la pureté de la sonorité. Donc la petite note piano, légère et pure d'attaque, la croche soutenue et de même qualité que si vous chantiez une belle mélodie.

This exercise can be studied in many different tempos. One can never be too proficient in playing octaves, but it is always necessary to give the quaver its full value. The result thus obtained is more pleasing. Although in the performance of a work style should be a guide, in this exercise the above method of working will ensure purity of tone. Thus the grace note should be attacked softly and cleanly, the quaver sustained and sounding as though you were singing a beautiful melody.

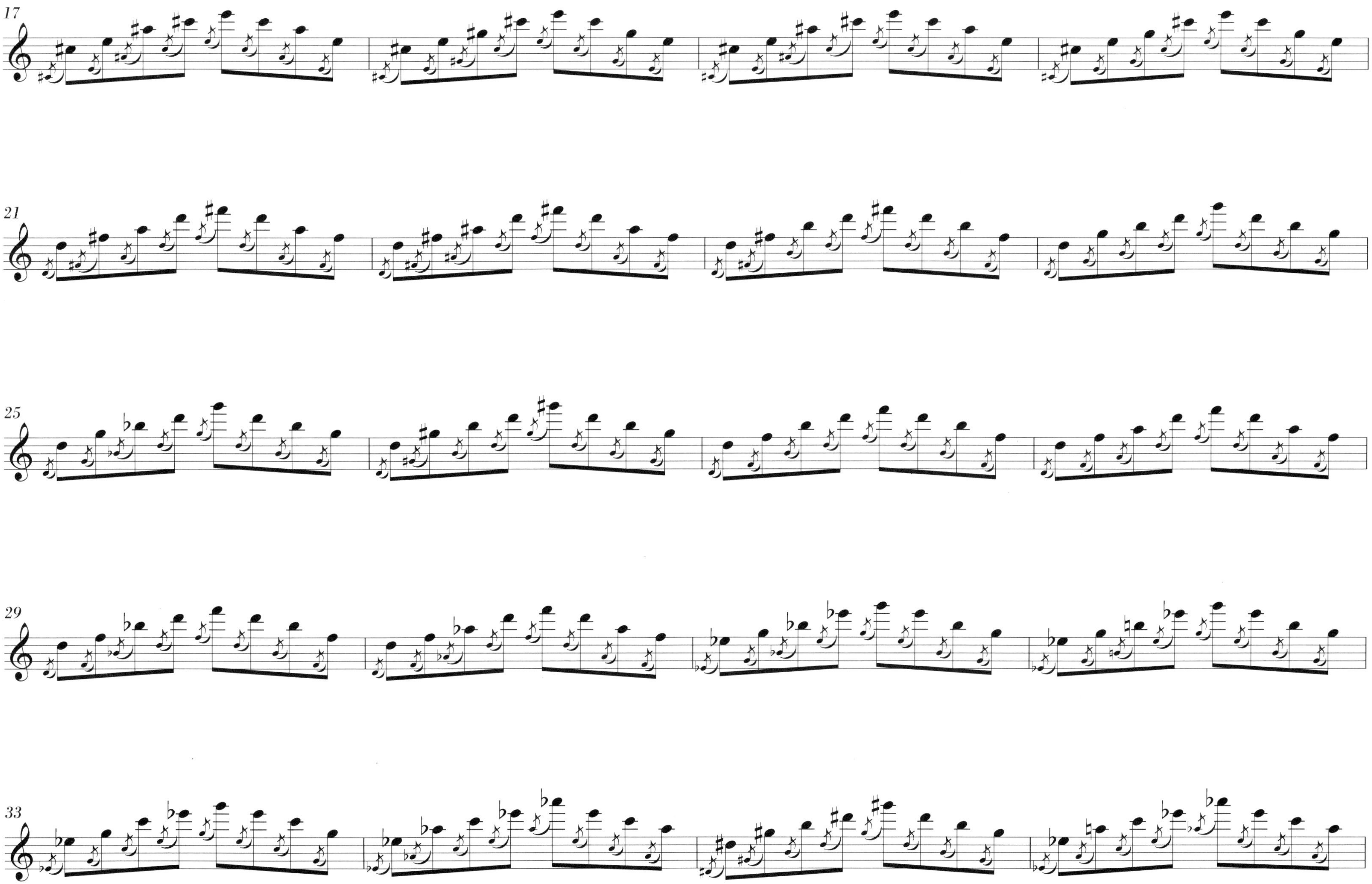

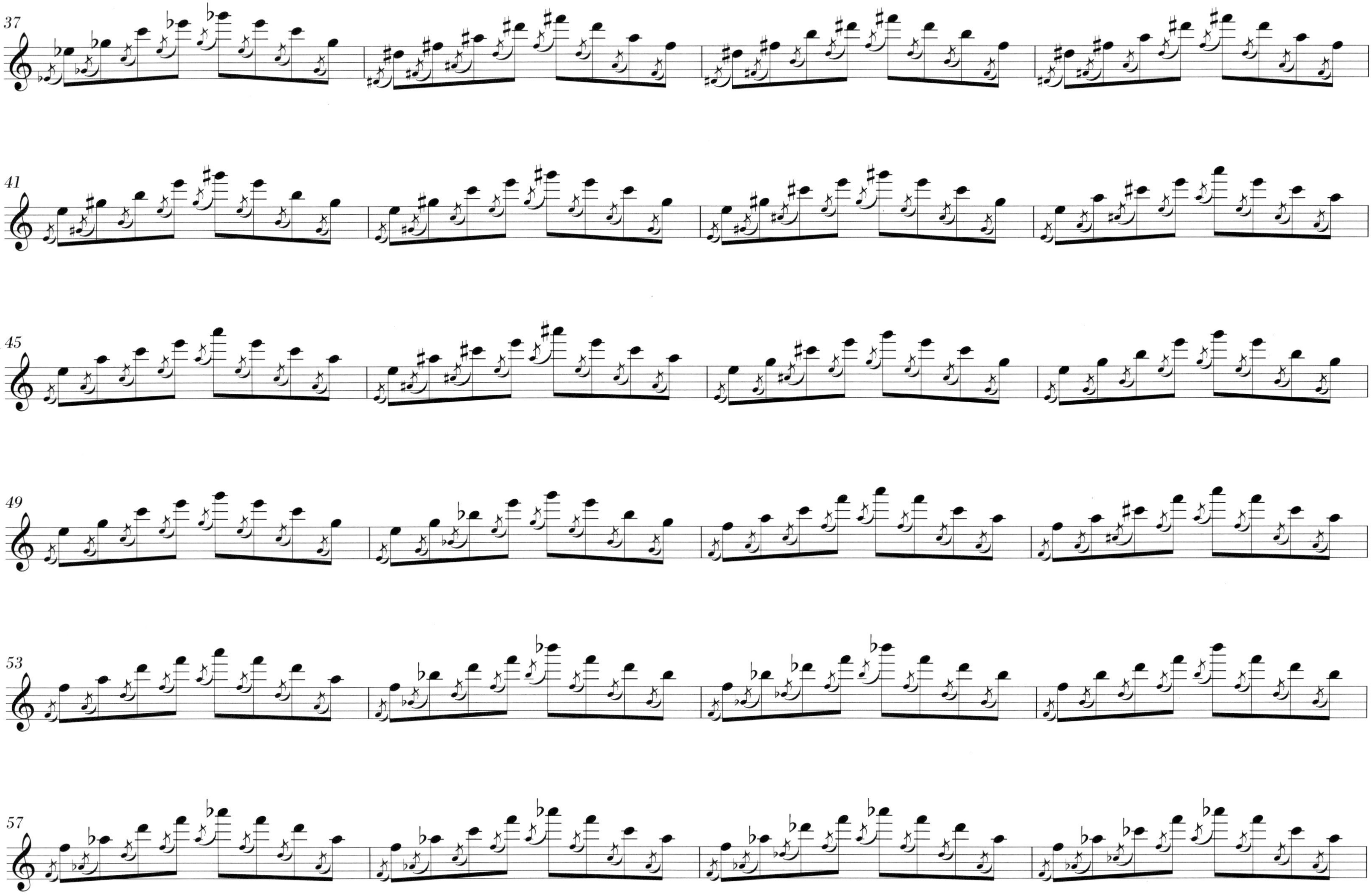

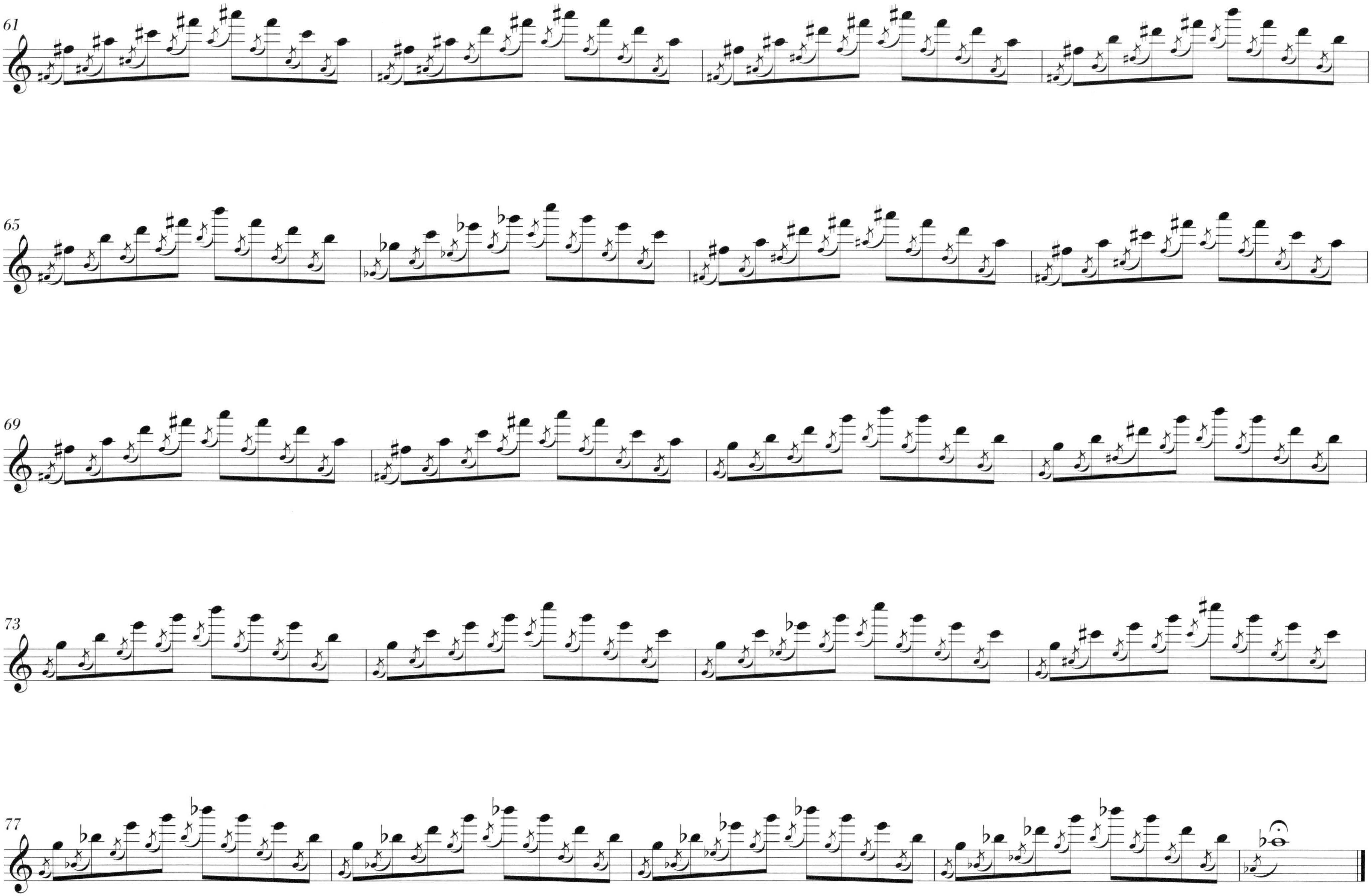
61
65
69
73
77

NO. 11 GRANDES LIAISONS

(Long Slurs)

from *20 Exercices et Études*

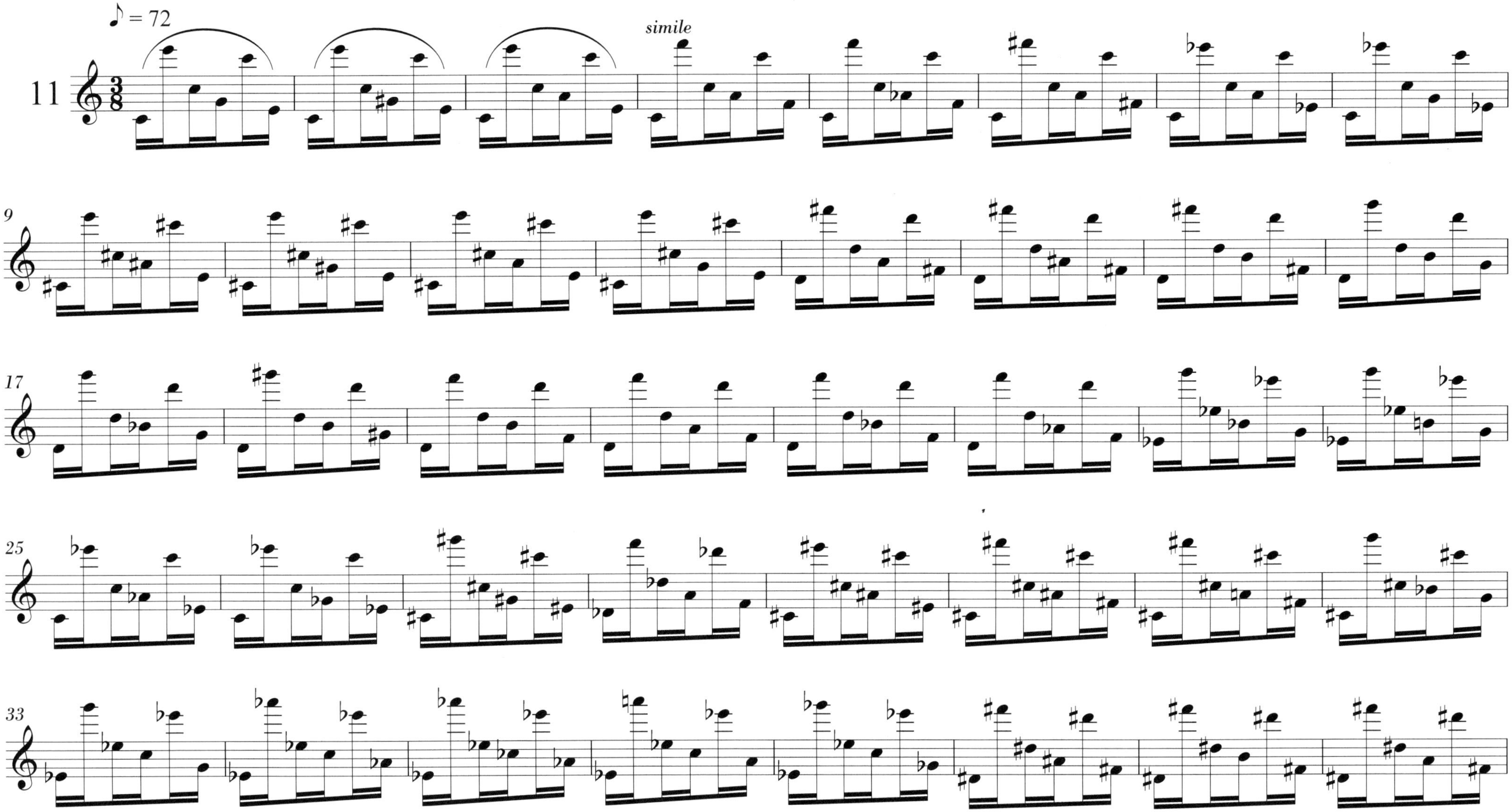

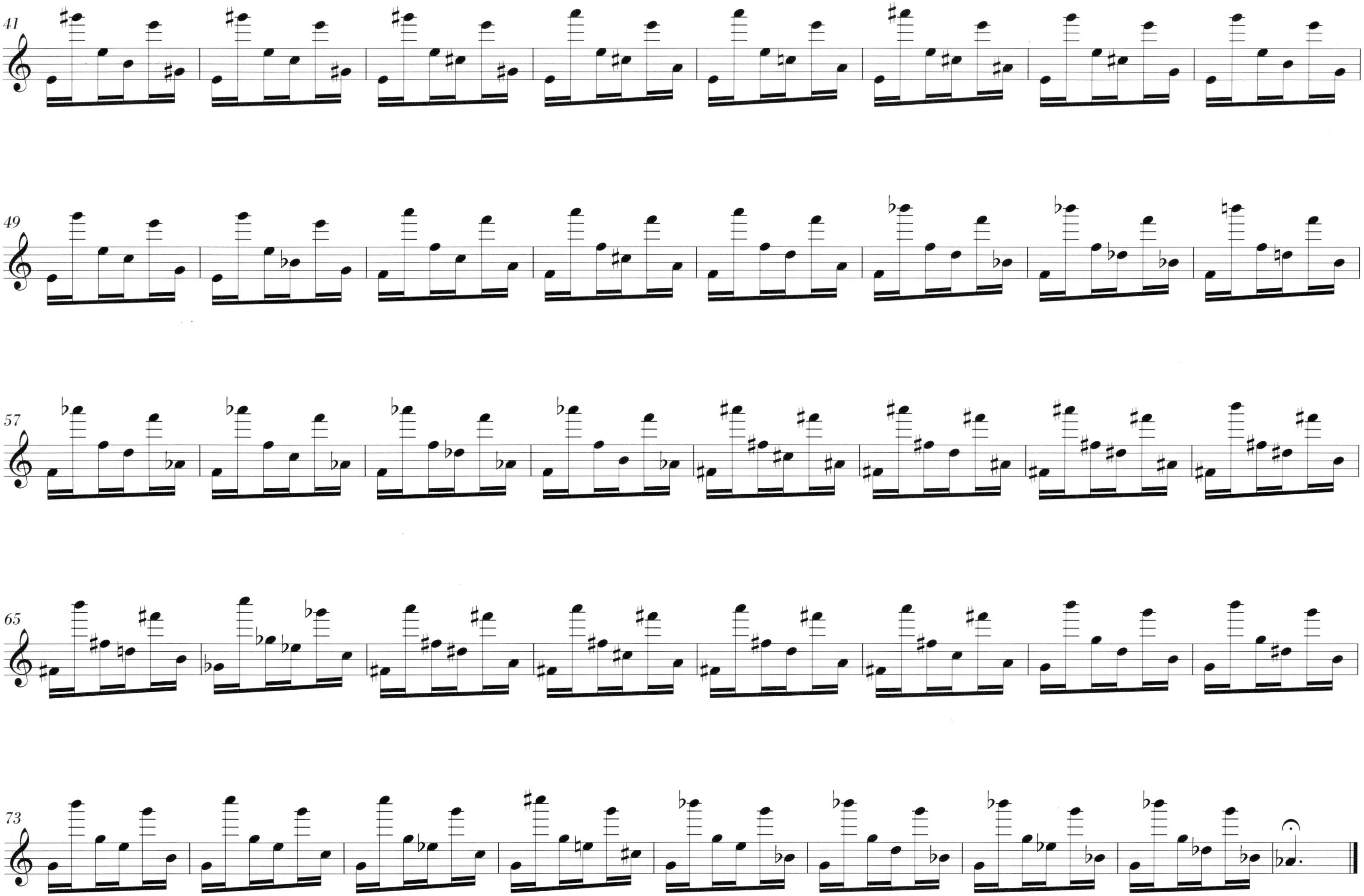

41
49
57
65
73

EXERCICES CHROMATIQUES

(Chromatic Exercises)

from *Exercices Journaliers*

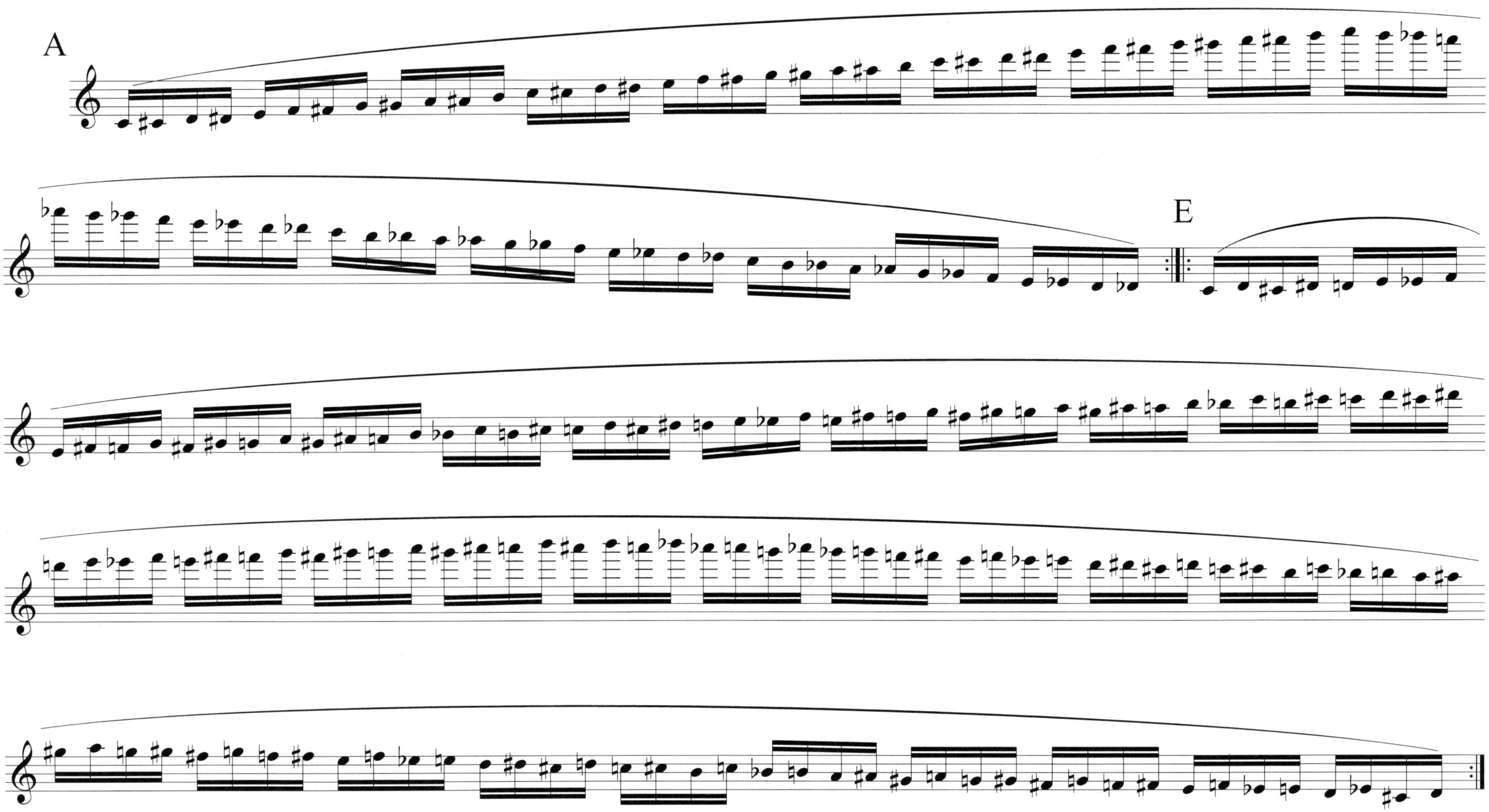

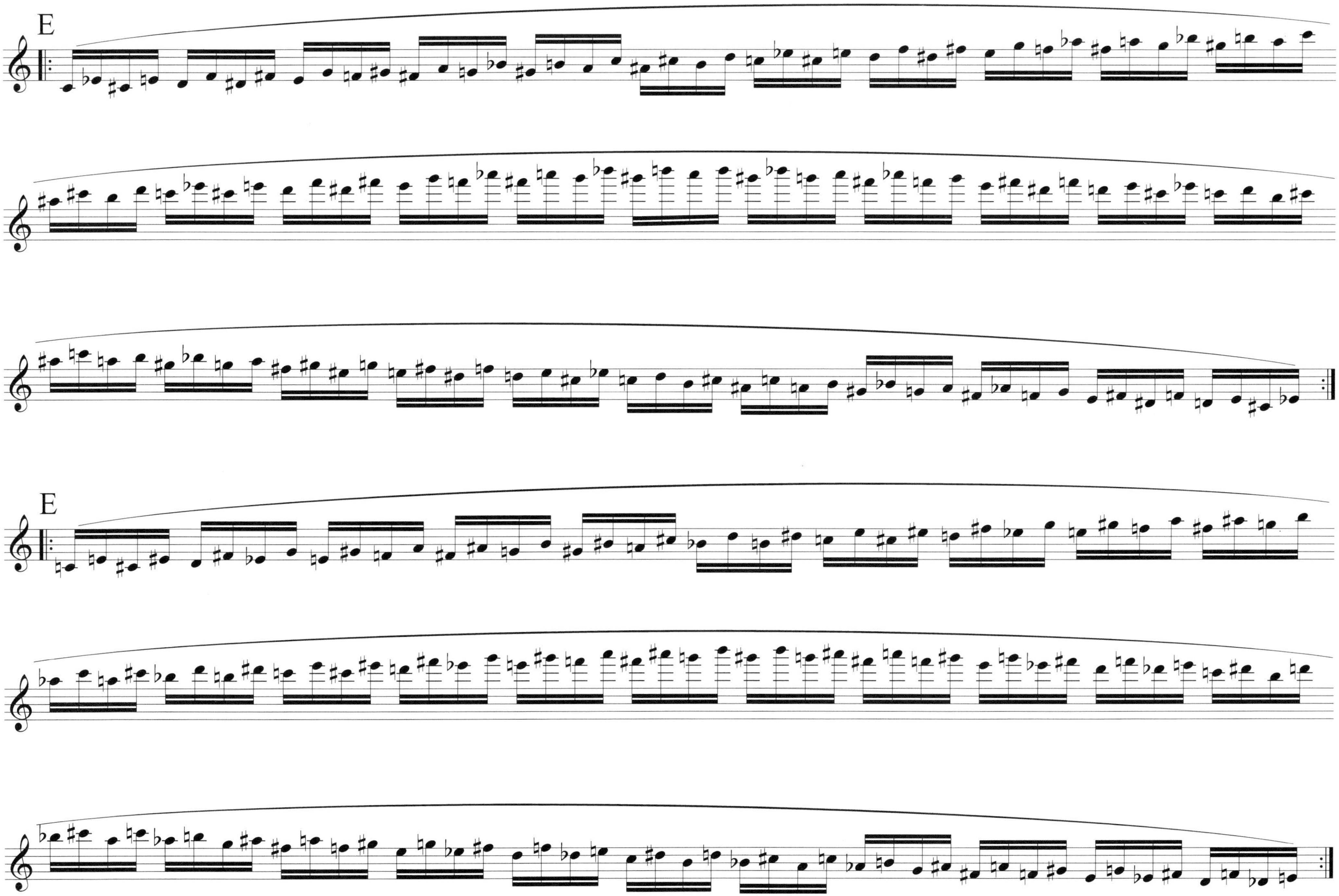
E
E

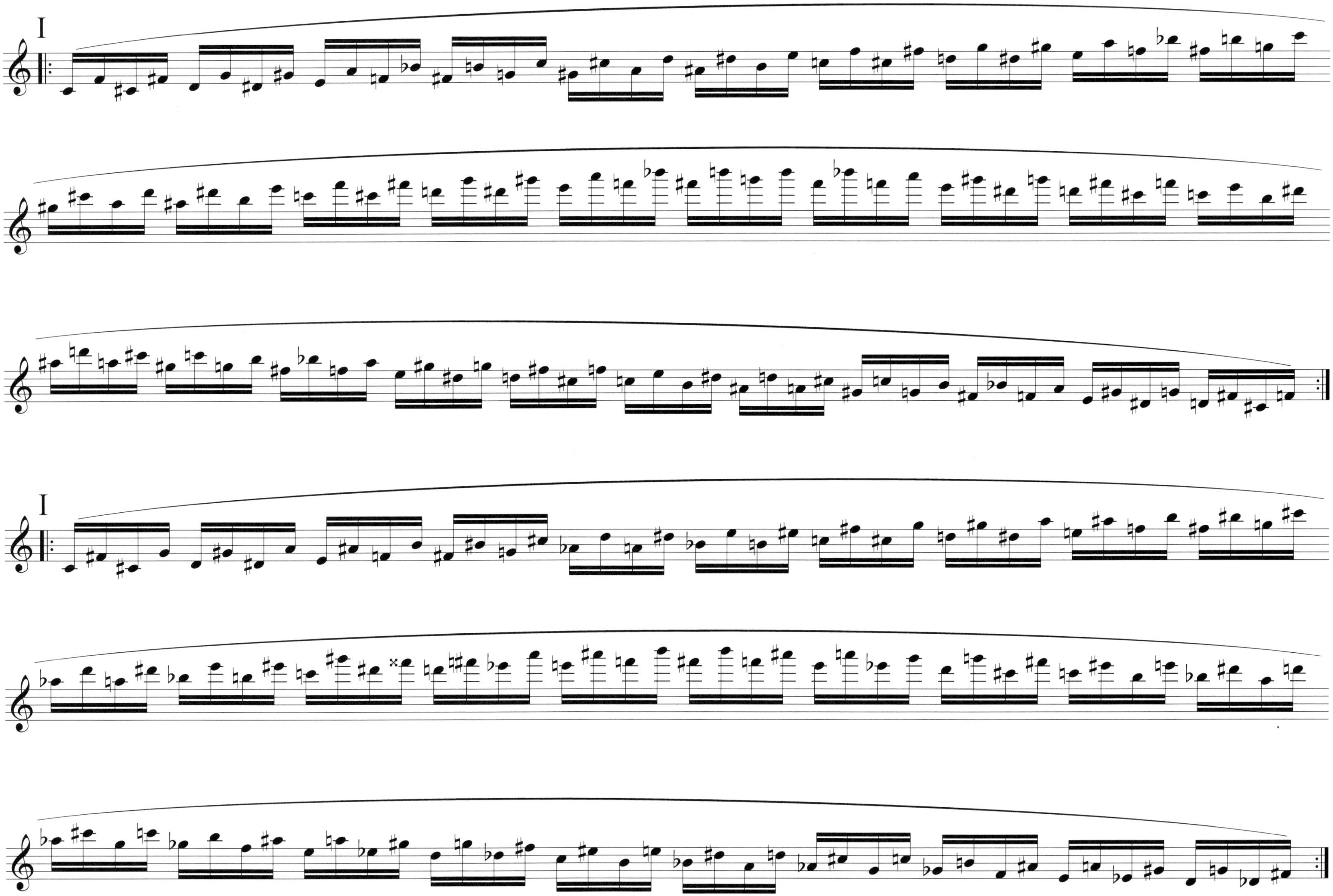
I
I

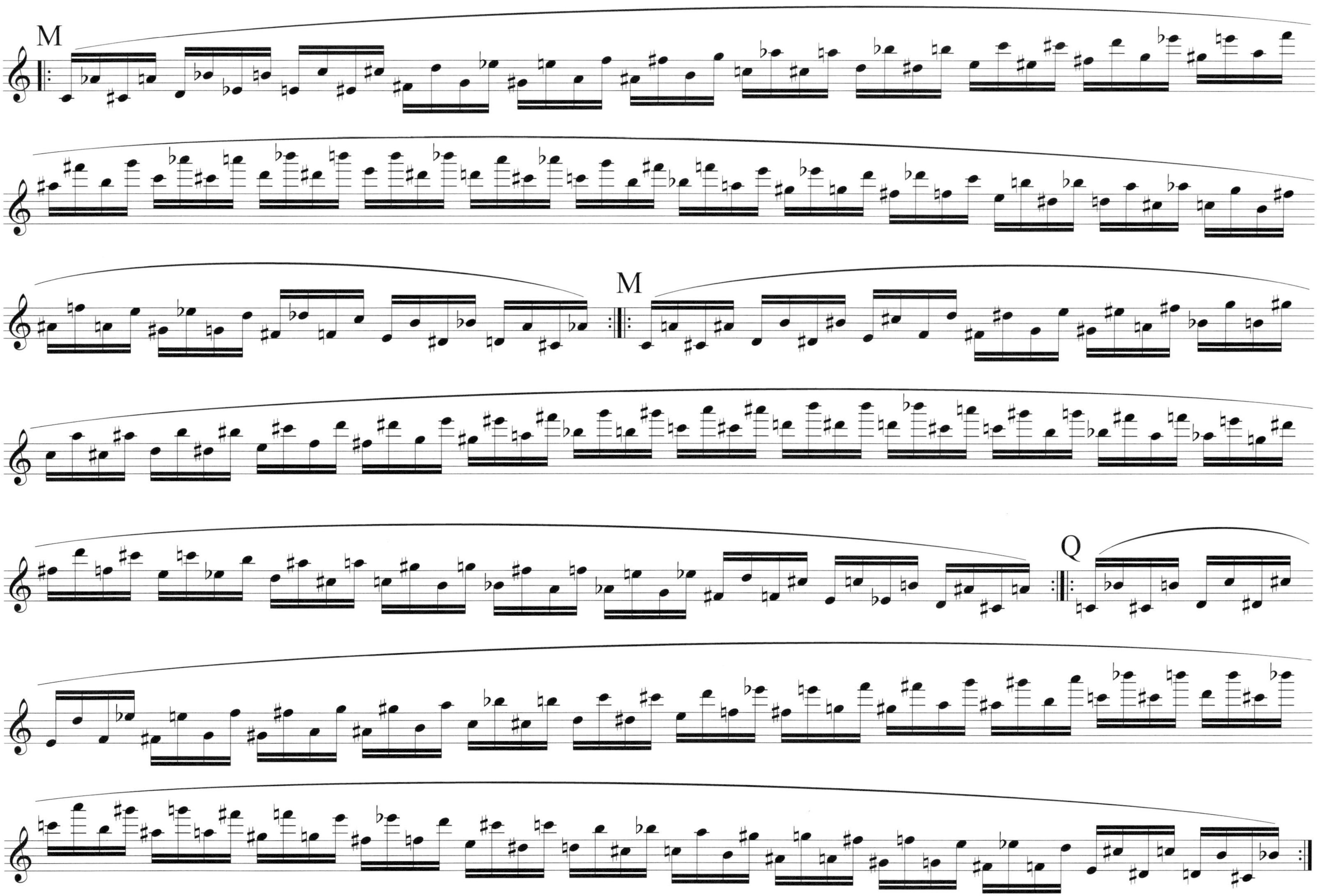
M
M
Q

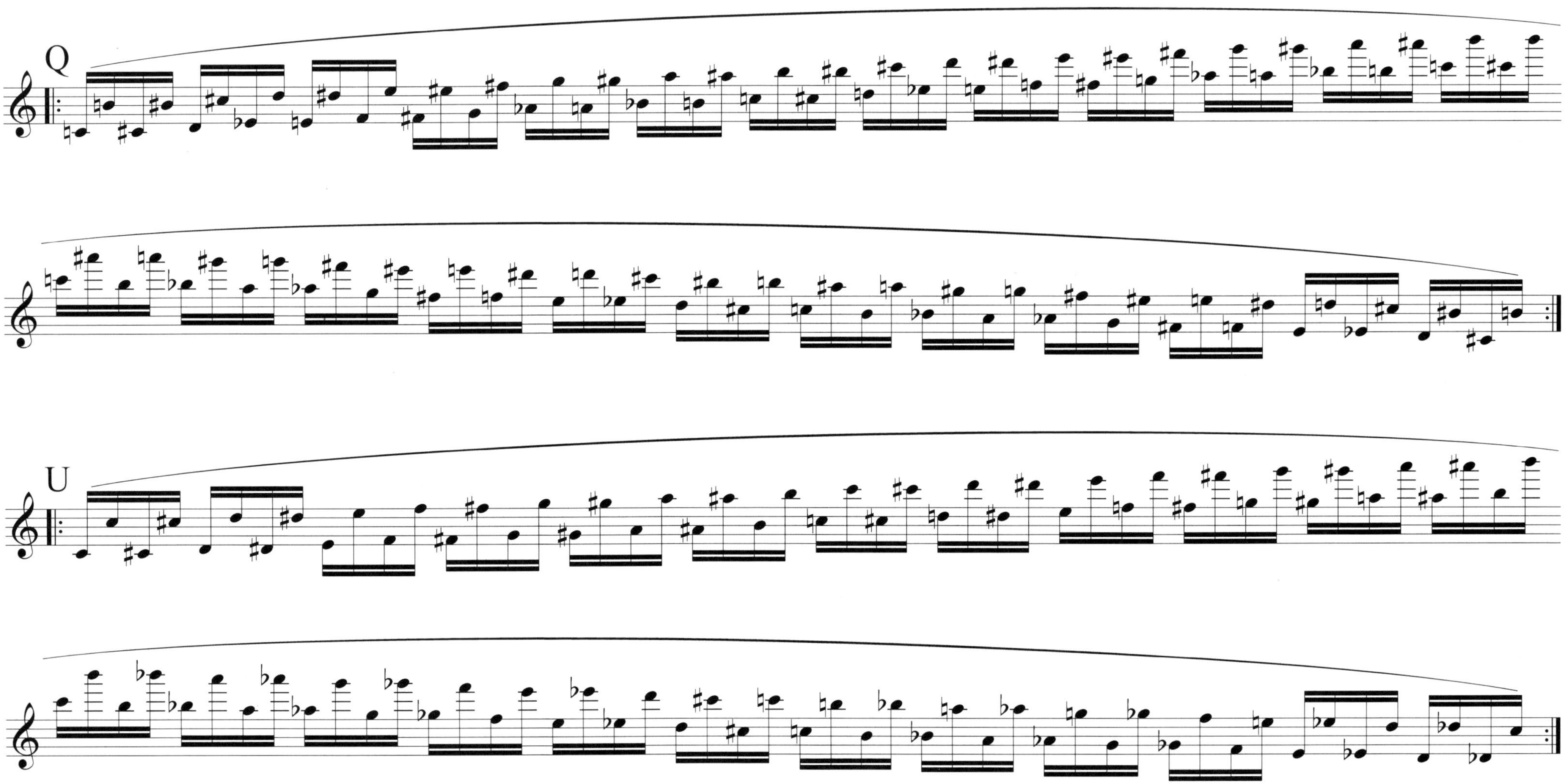
Q
U

This page has been intentionally left blank to facilitate page turns.

Cette page a été laissée en blanc pour que tourner la page soit plus facile.

GAMMES MAJEURES

(Major Scales)

from *Exercices Journaliers*

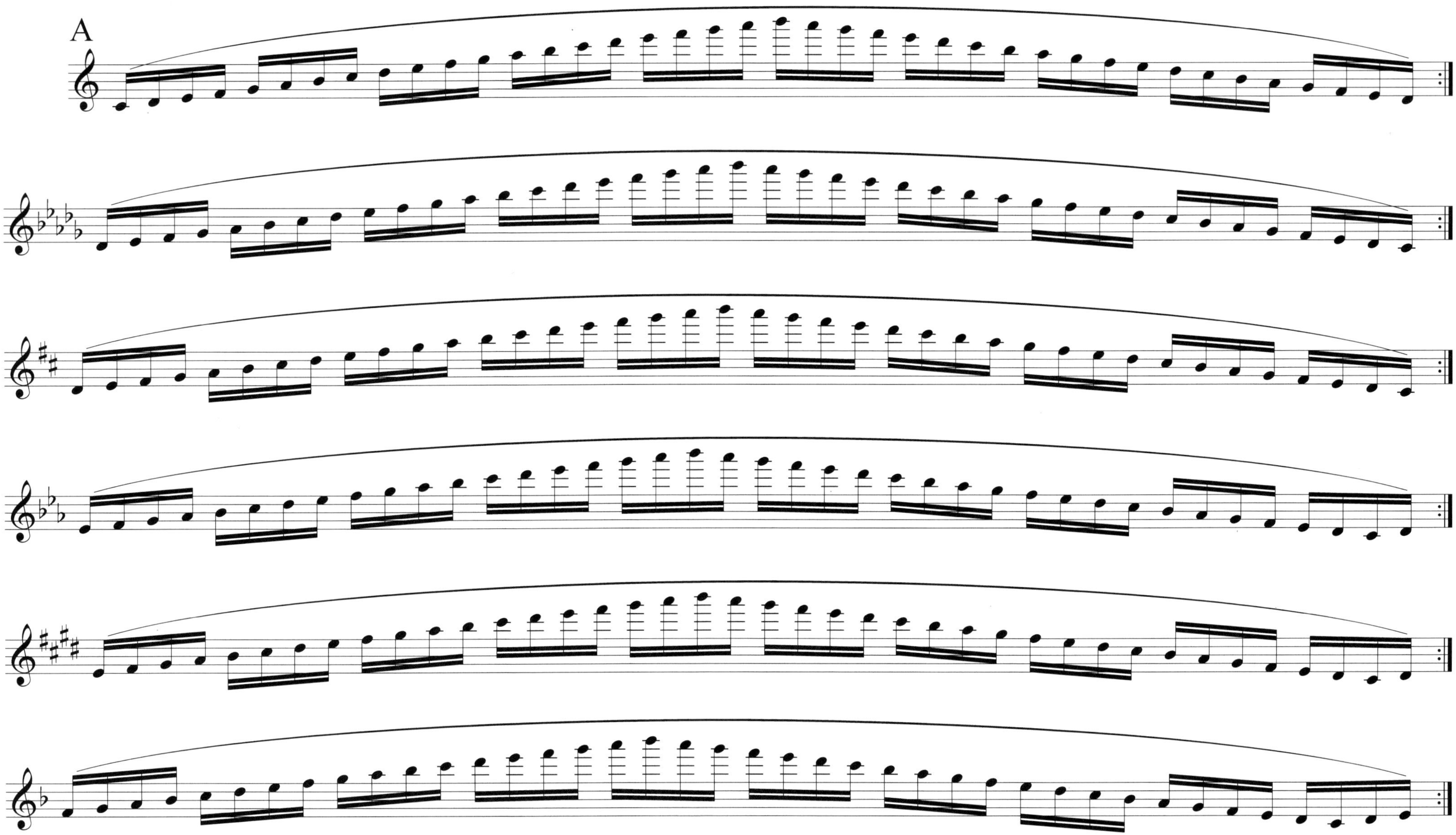

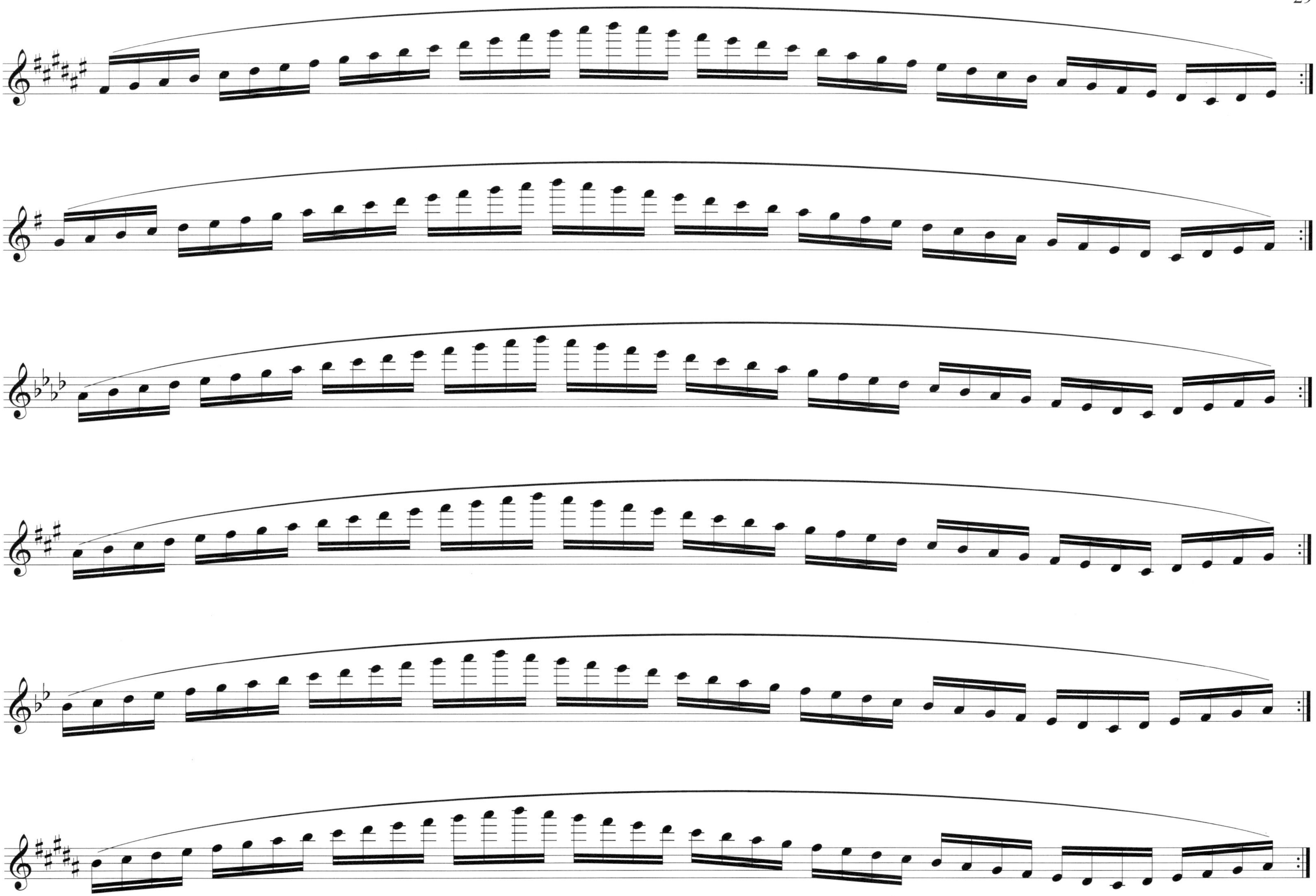

GAMMES MINEURES

(Minor Scales)

from *Exercices Journaliers*

B

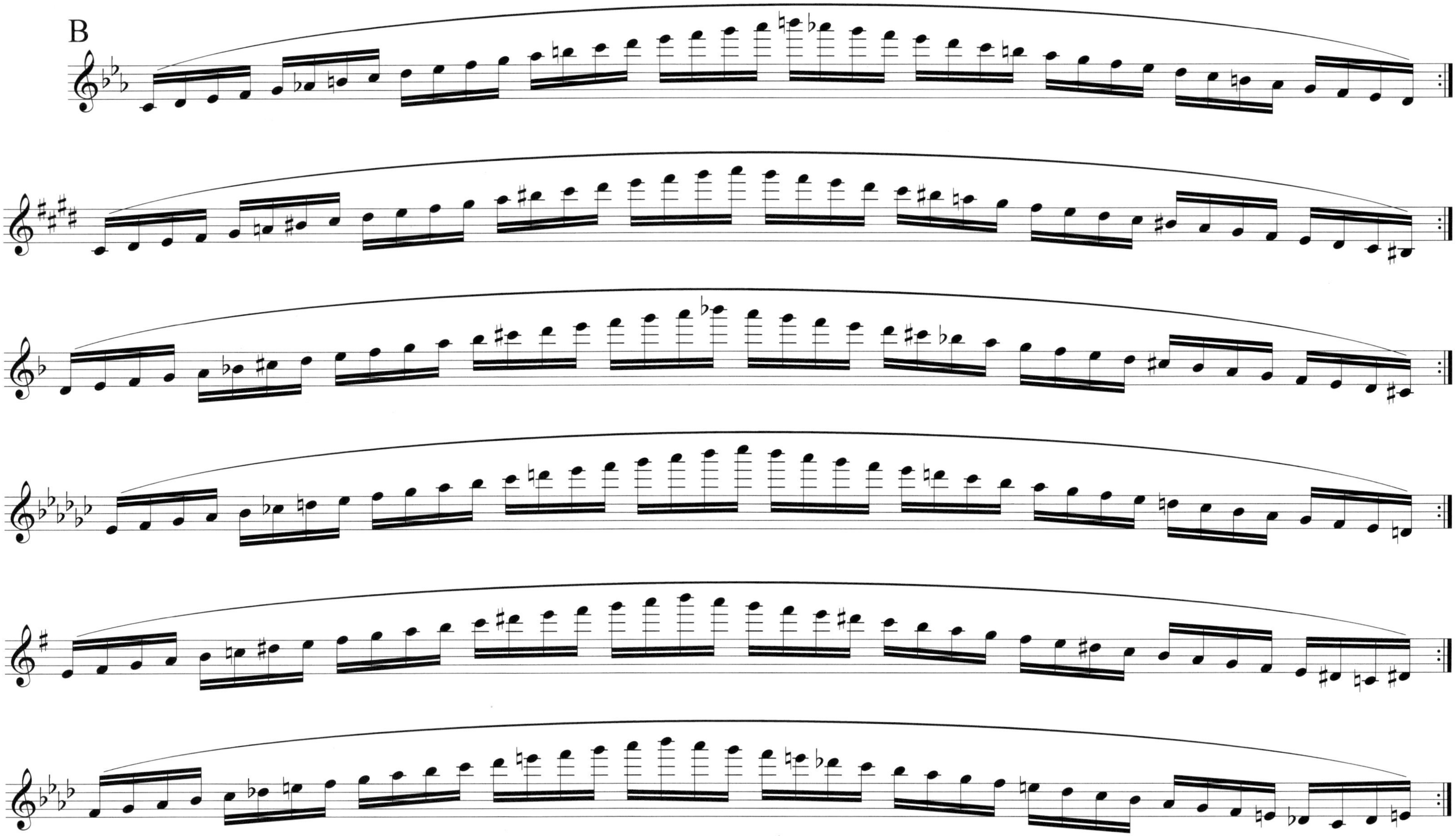

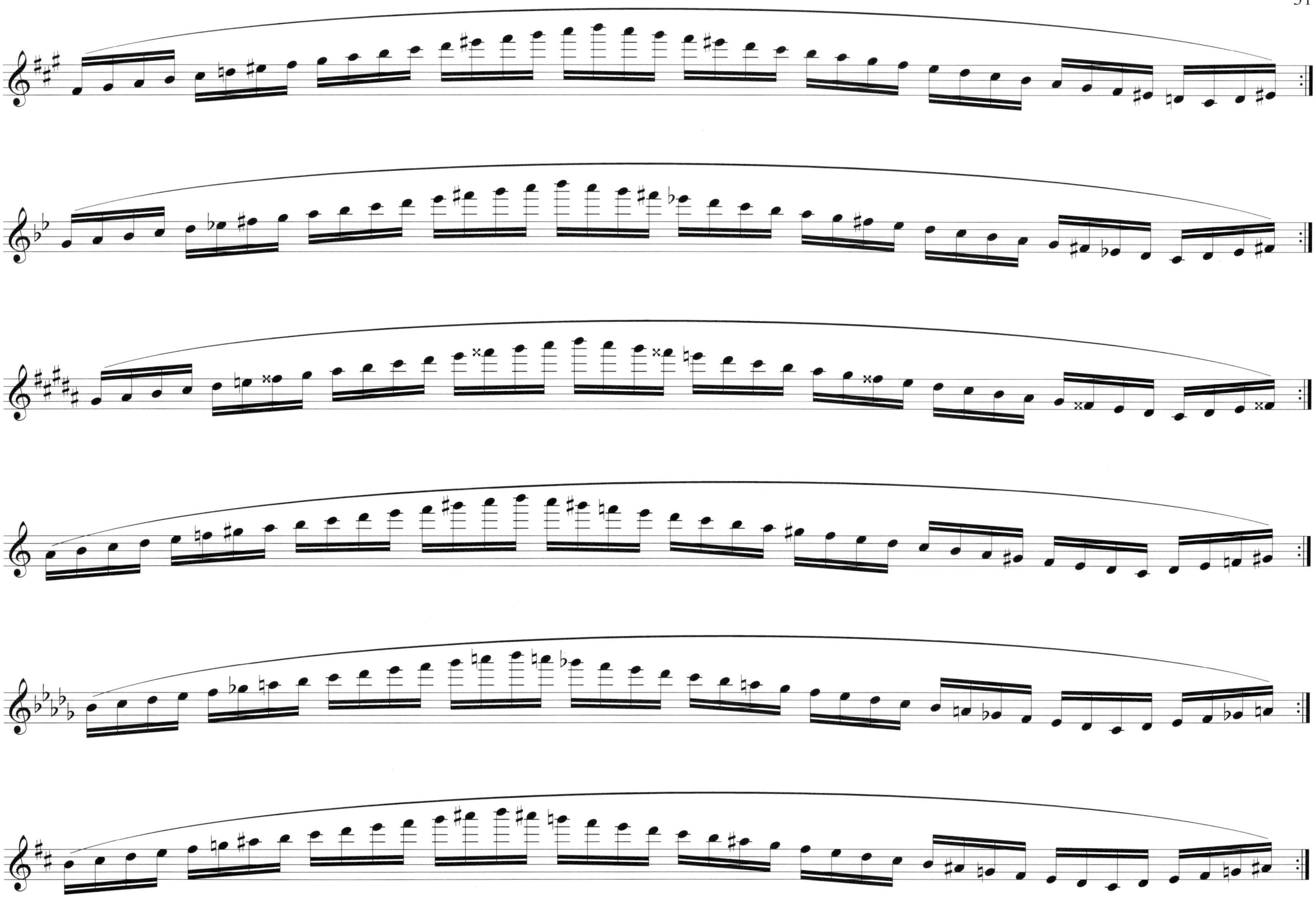

TIERCES

(Thirds)

from *Exercices Journaliers*

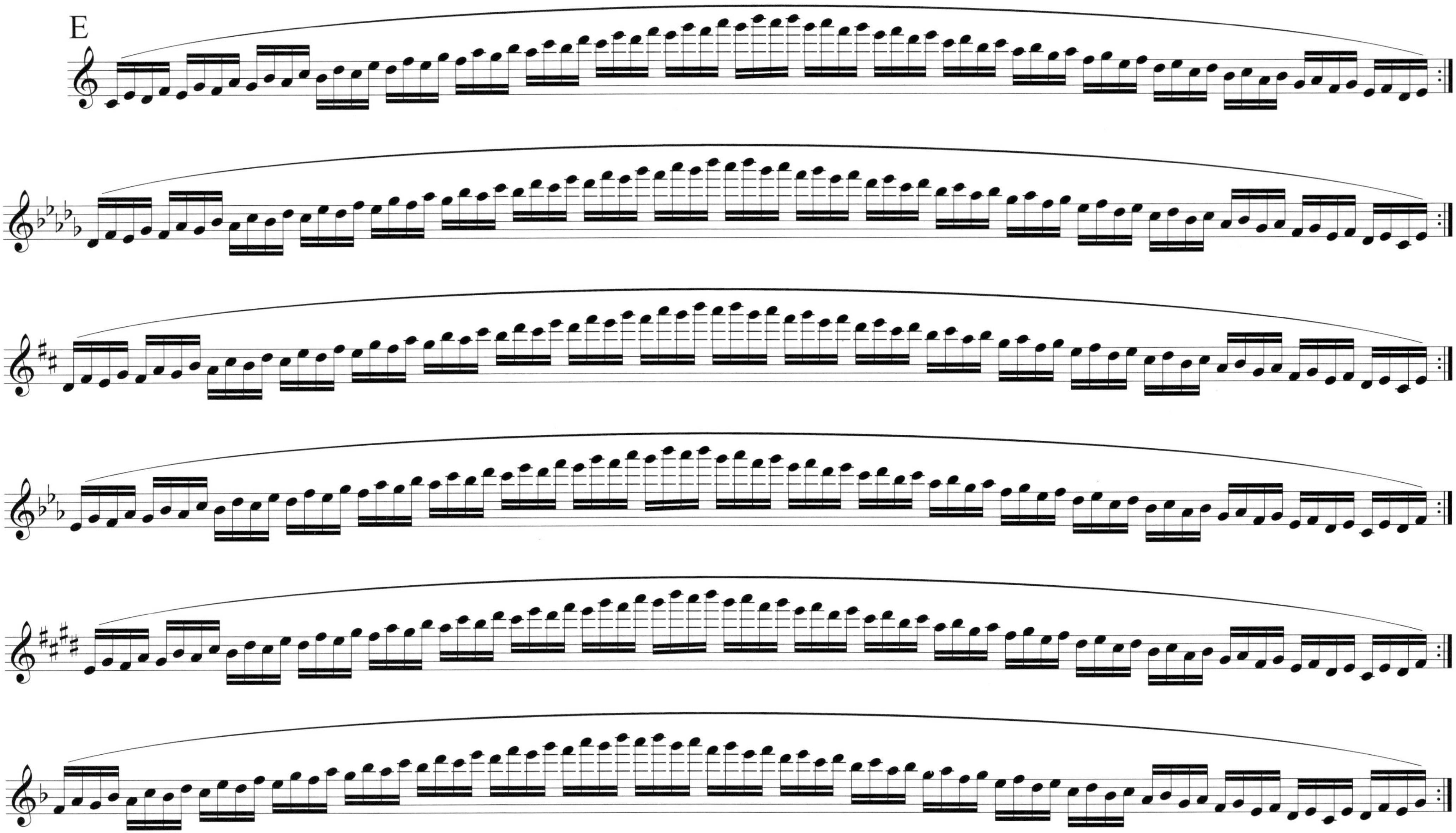

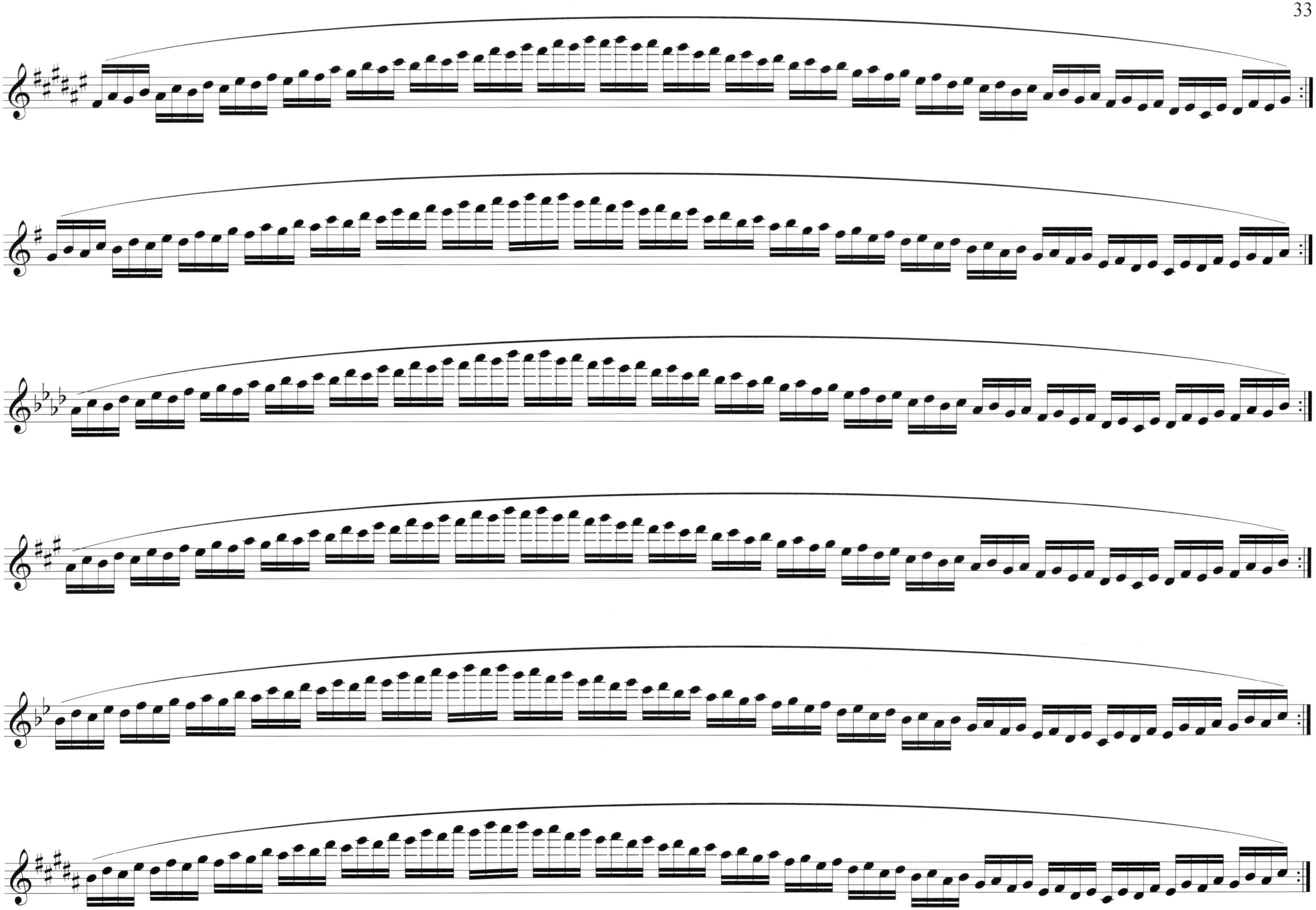

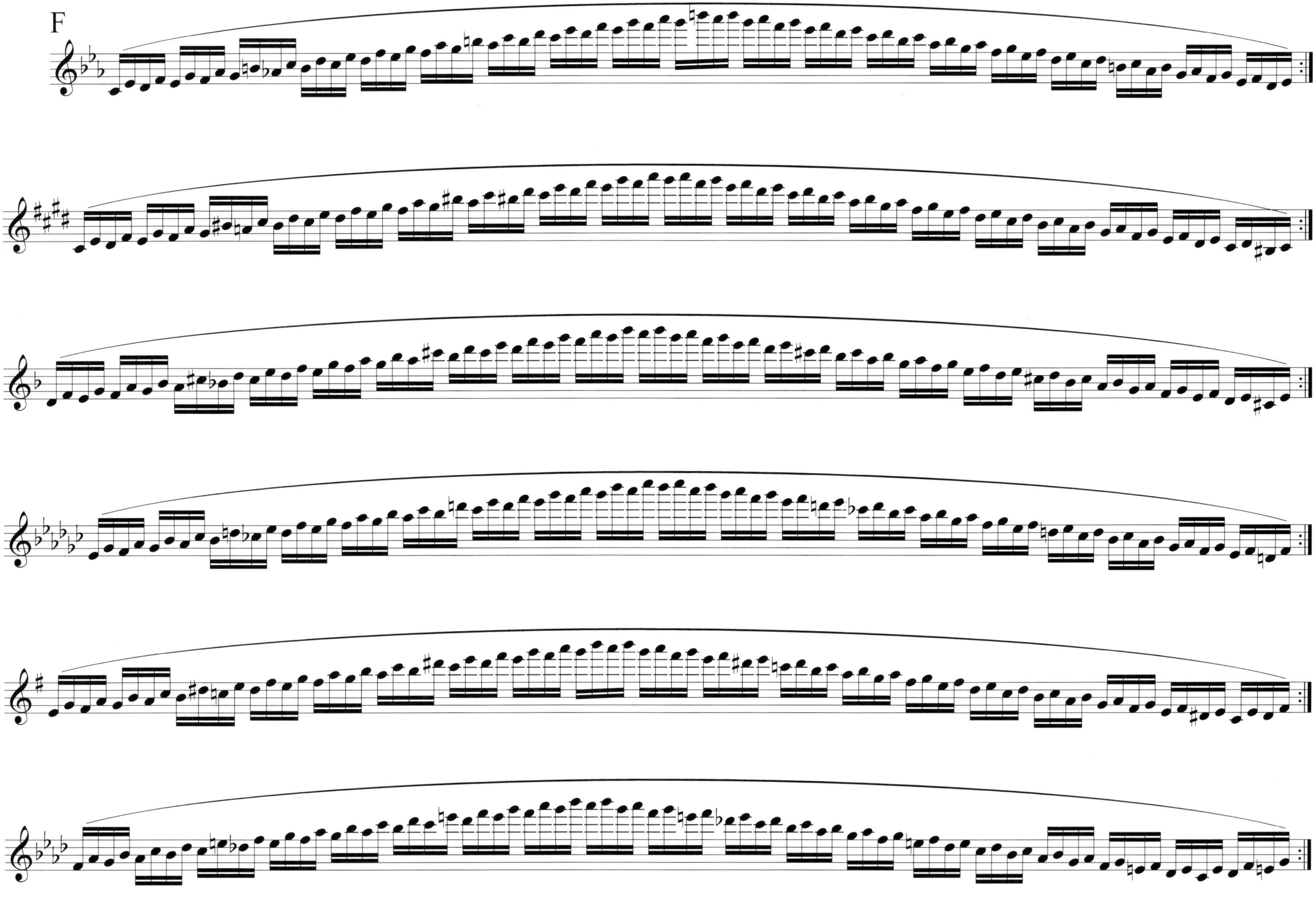
F

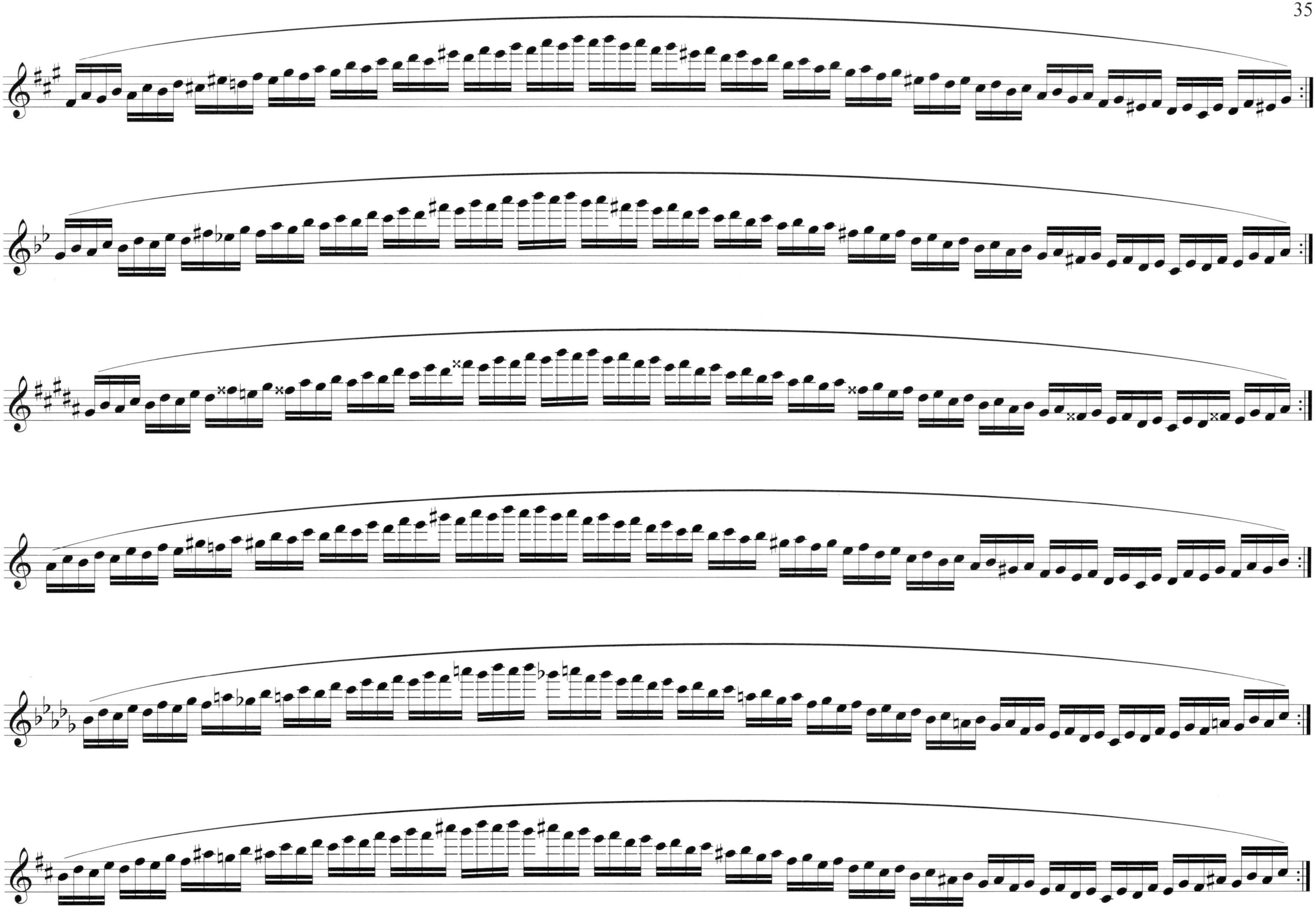

ARPÈGES BRISÉS

(Broken Chords)

from *Exercices Journaliers*

H

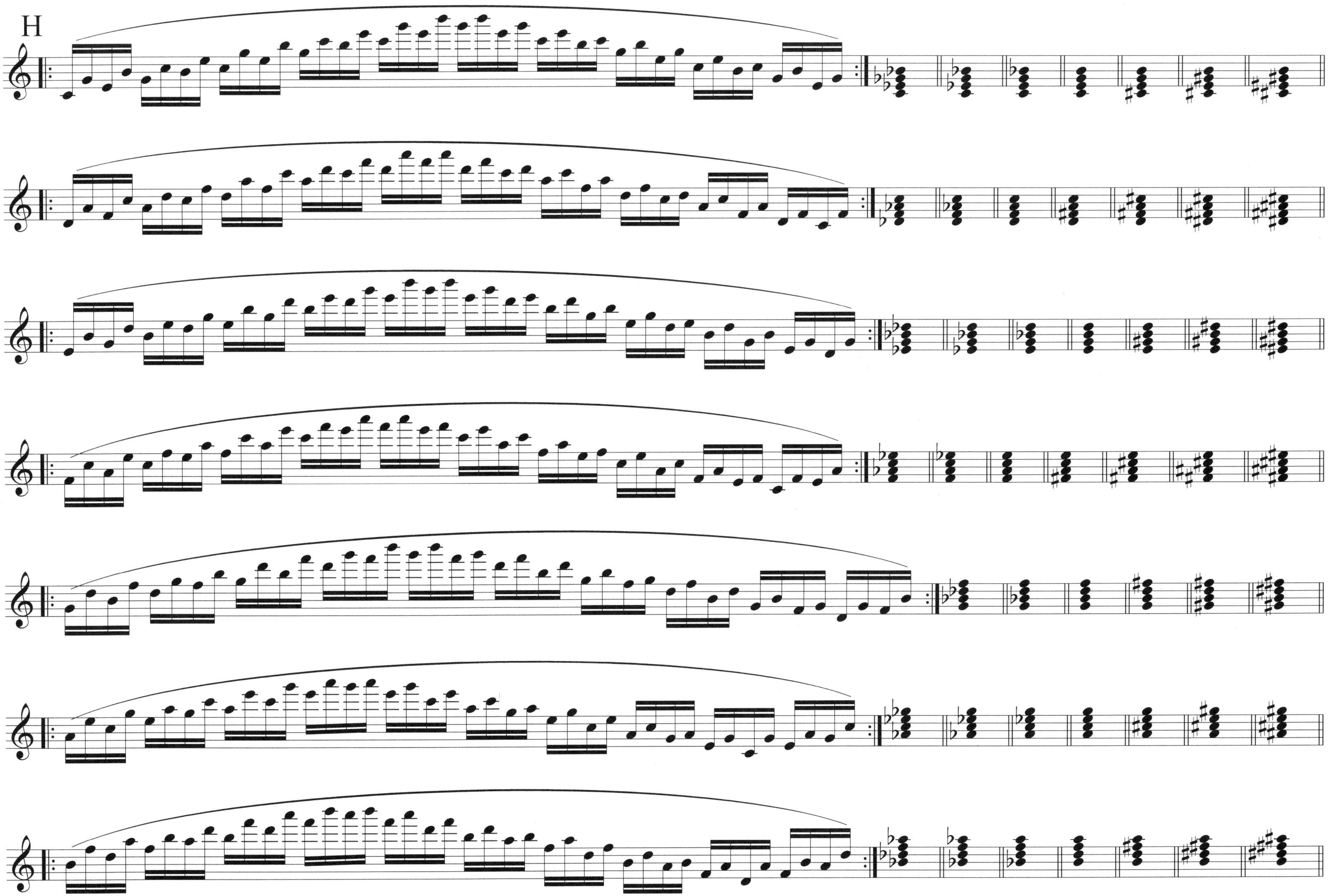

QUARTES

(Fourths)

from *Exercices Journaliers*

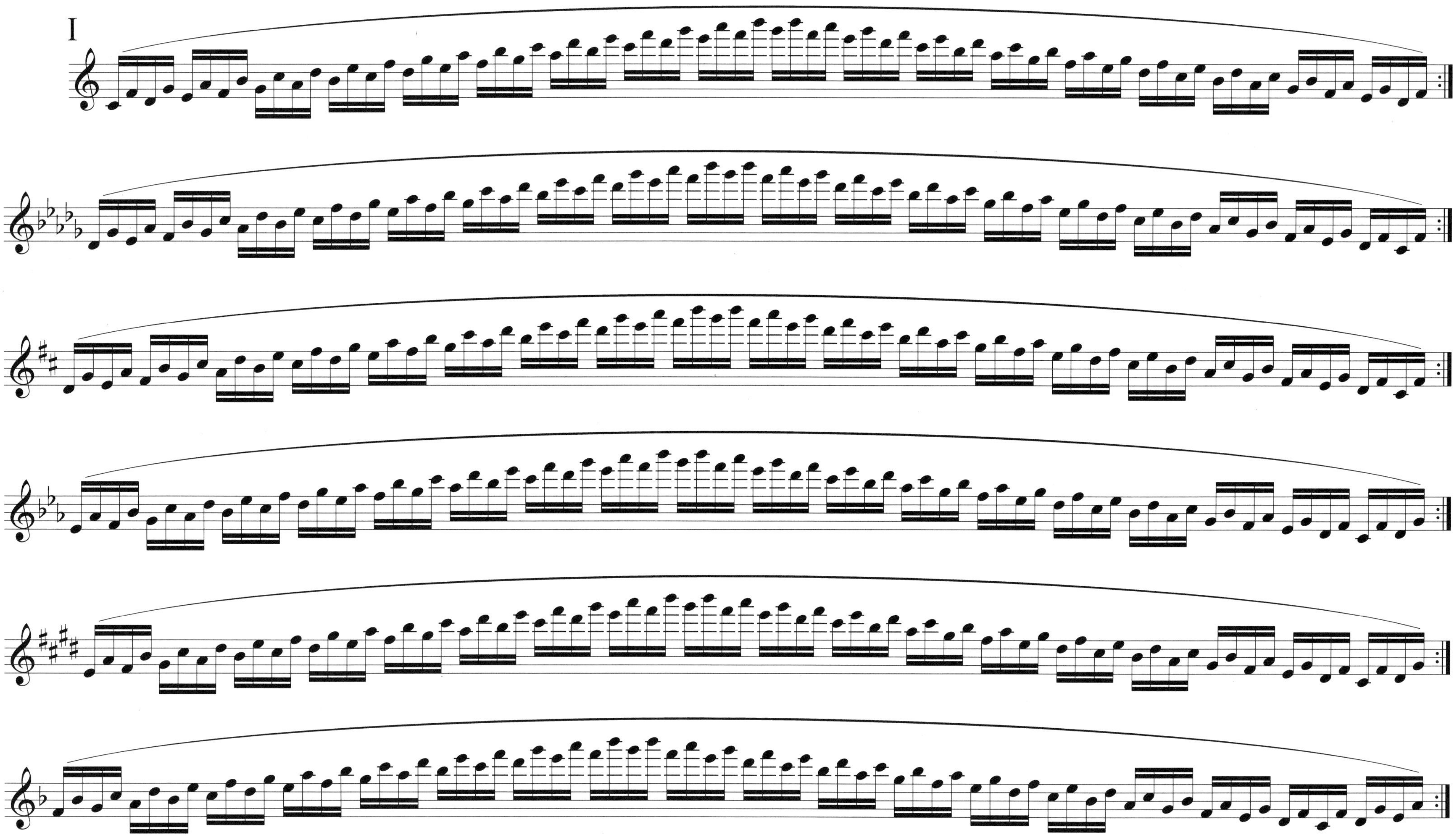

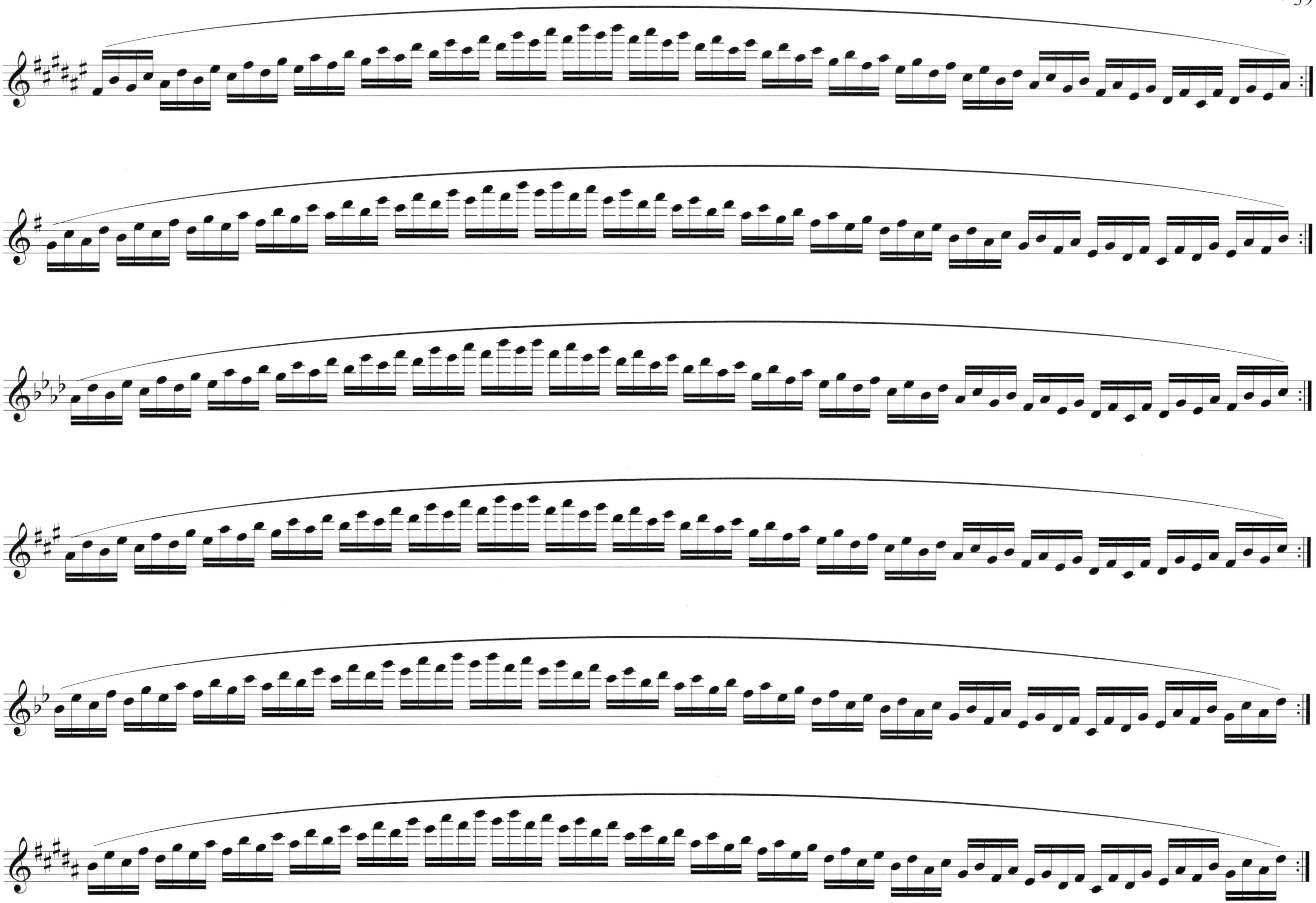

J

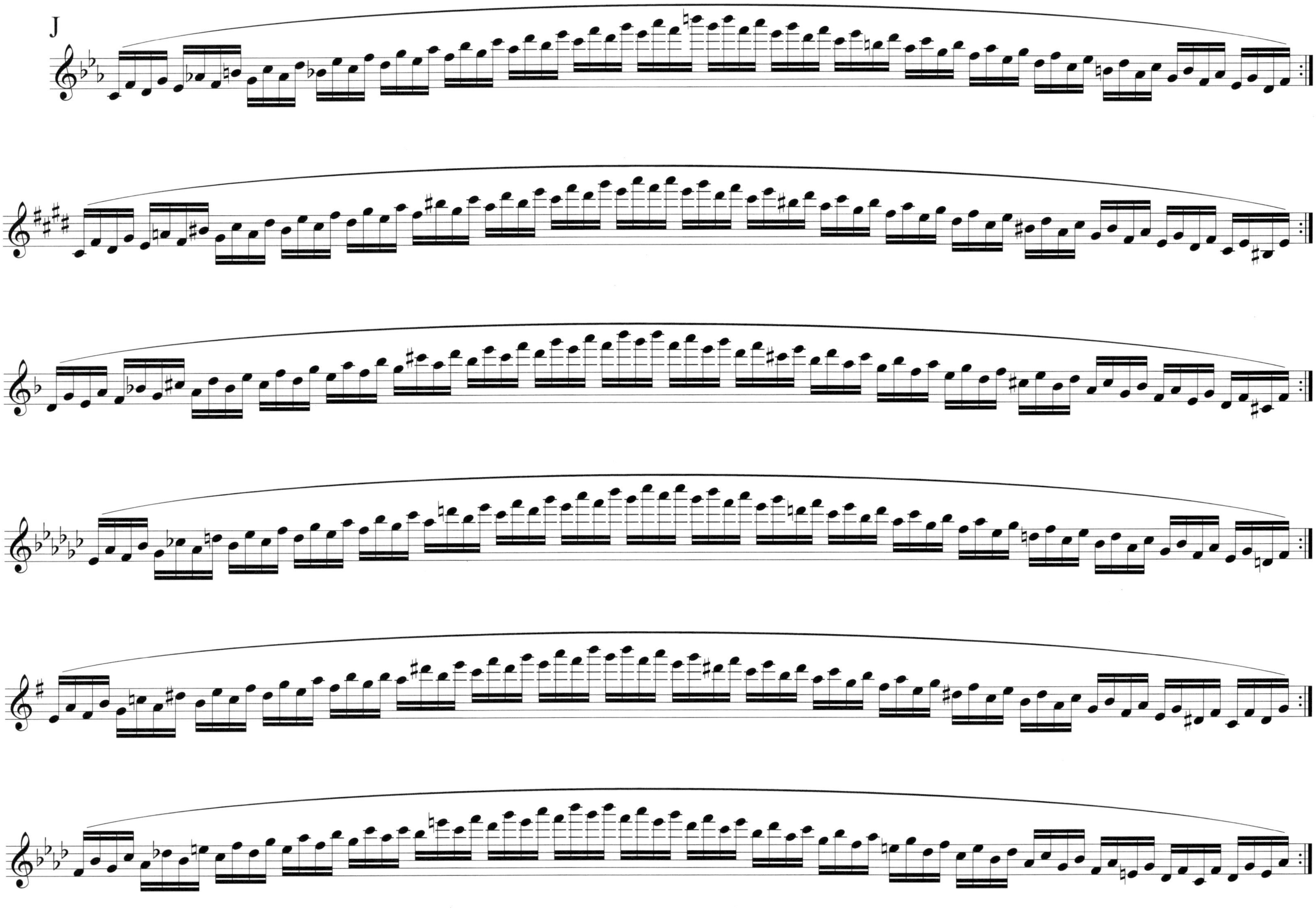

SIXTES

(Sixths)

from *Exercices Journaliers*

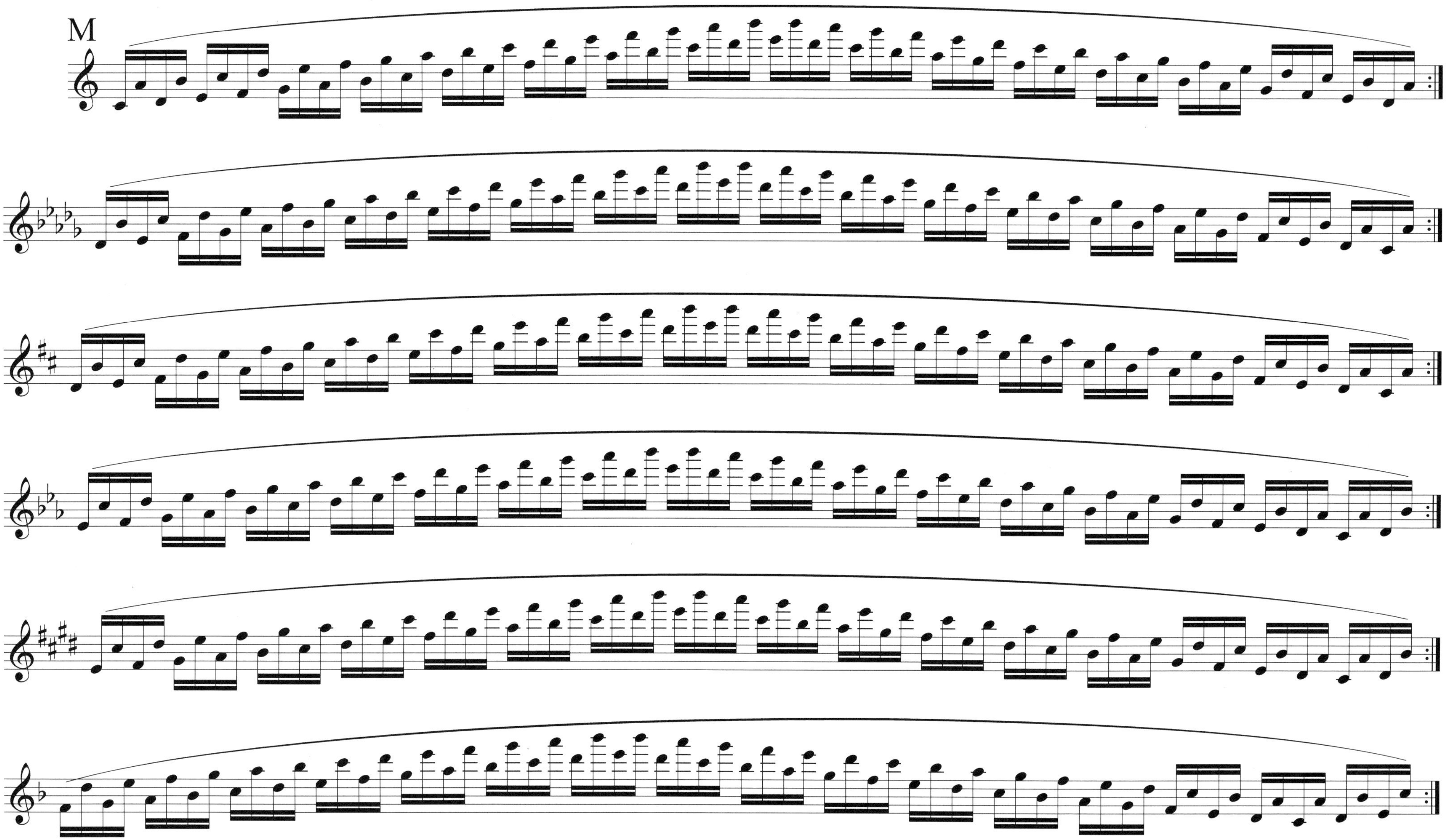

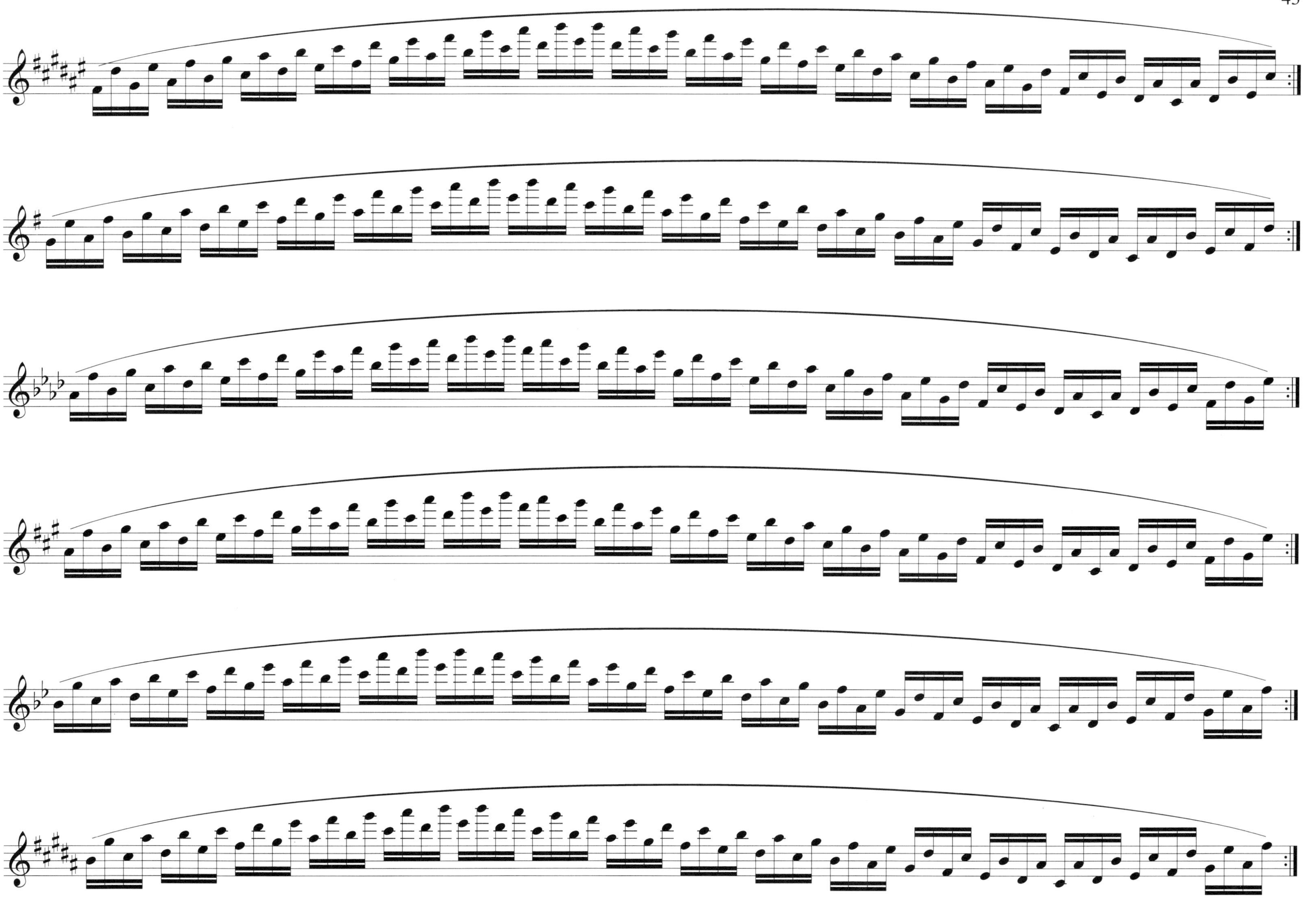

N

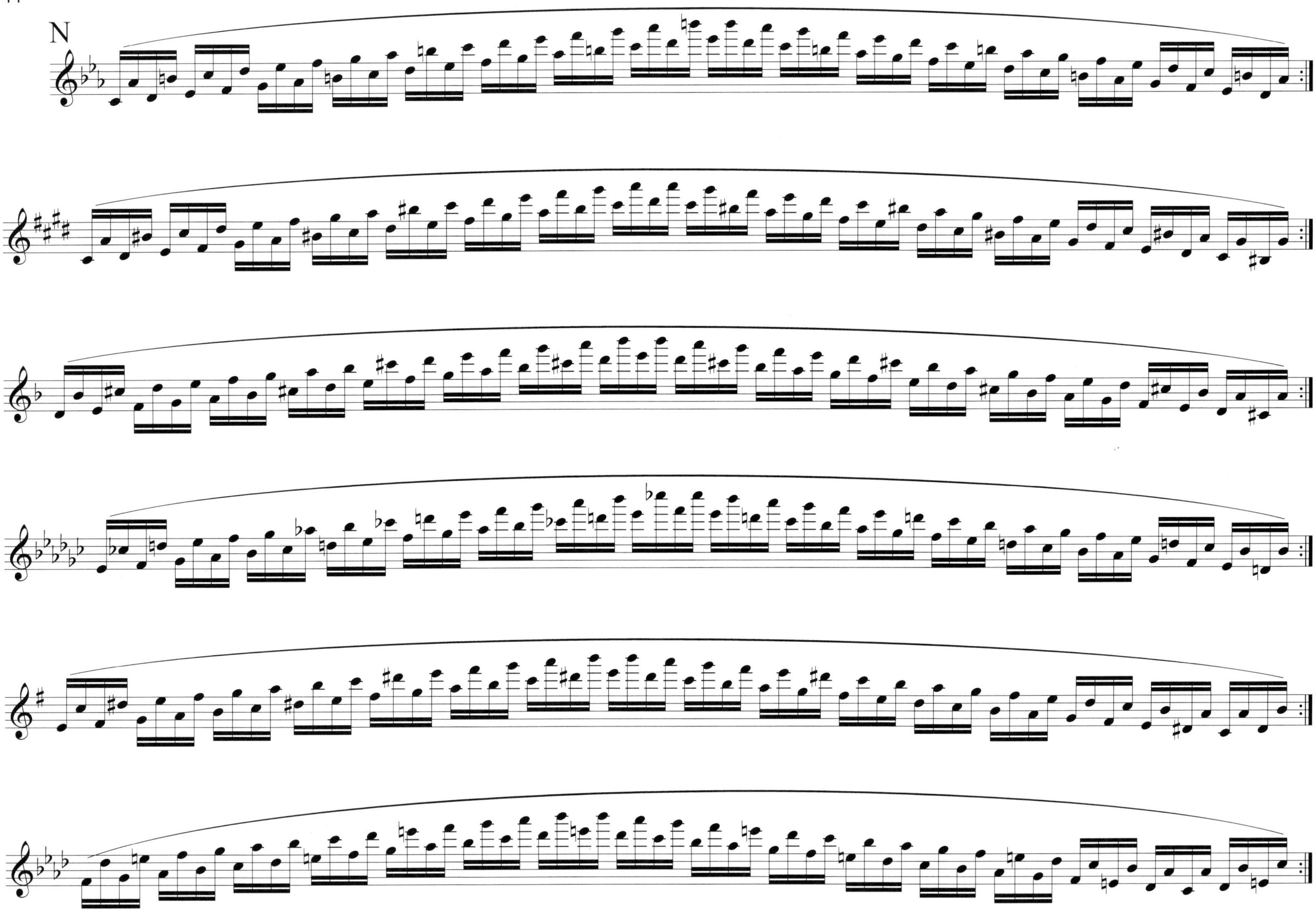

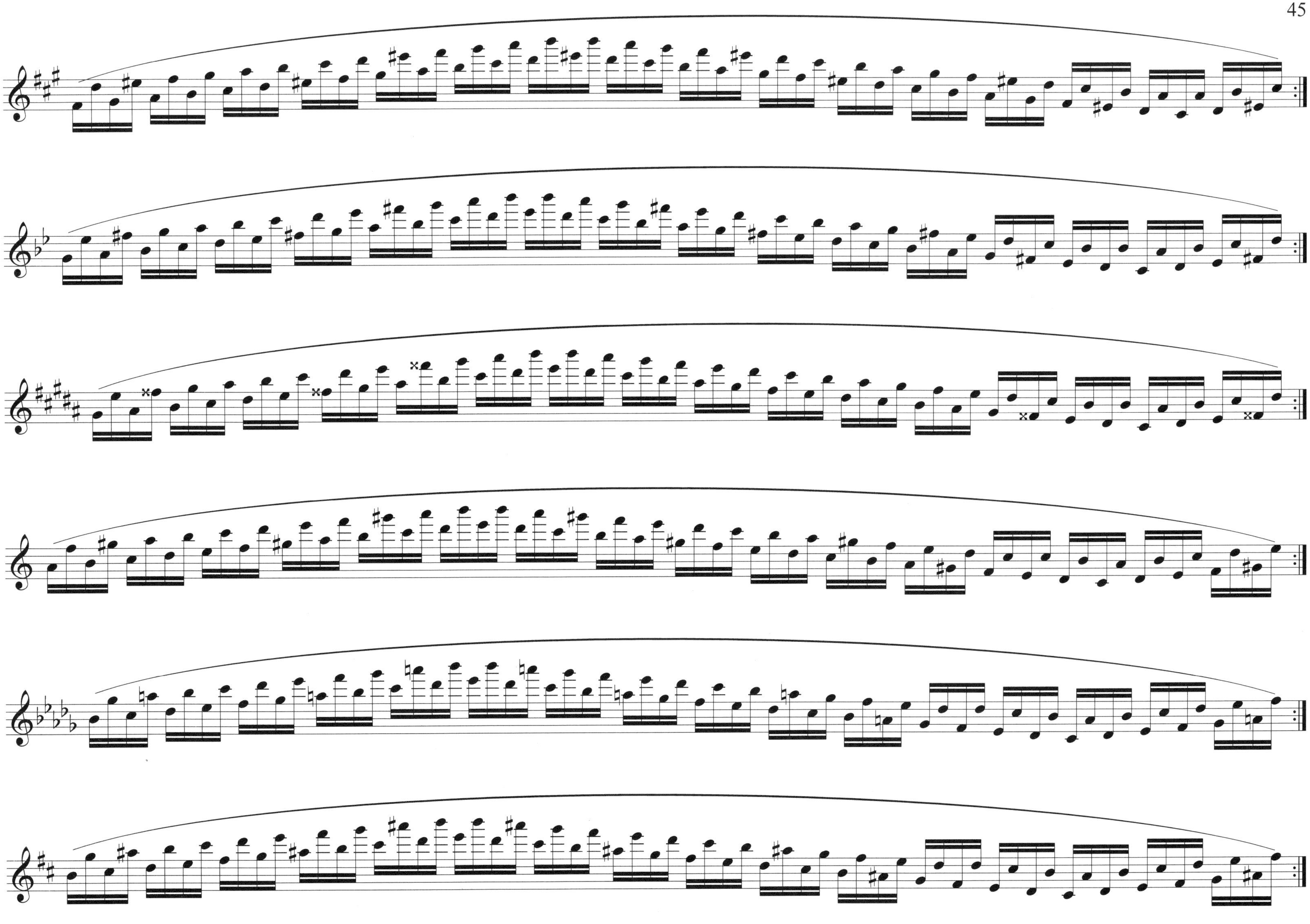

SEPTIÈMES

(Seventhes)

from *Exercices Journaliers*

Q

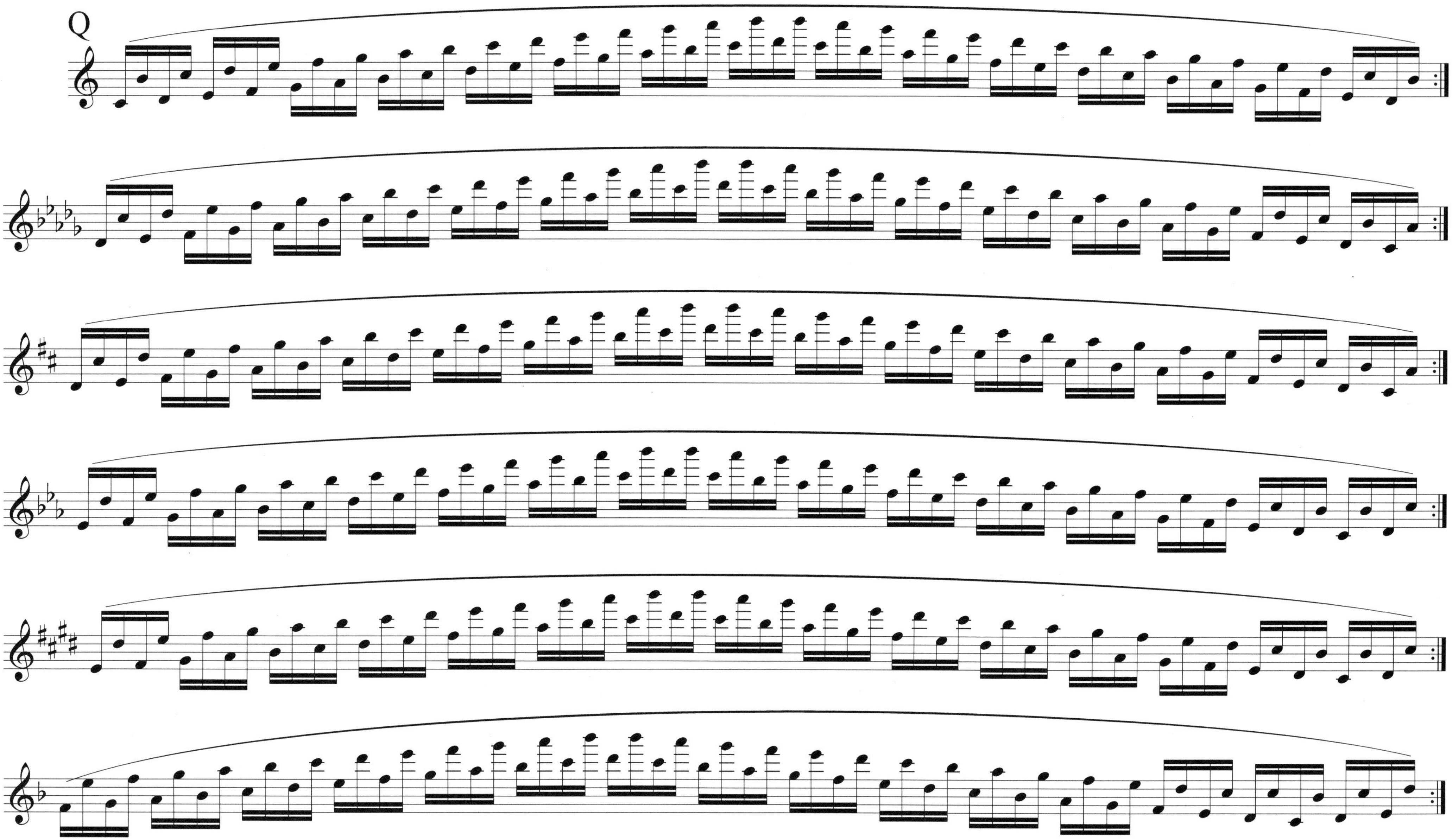

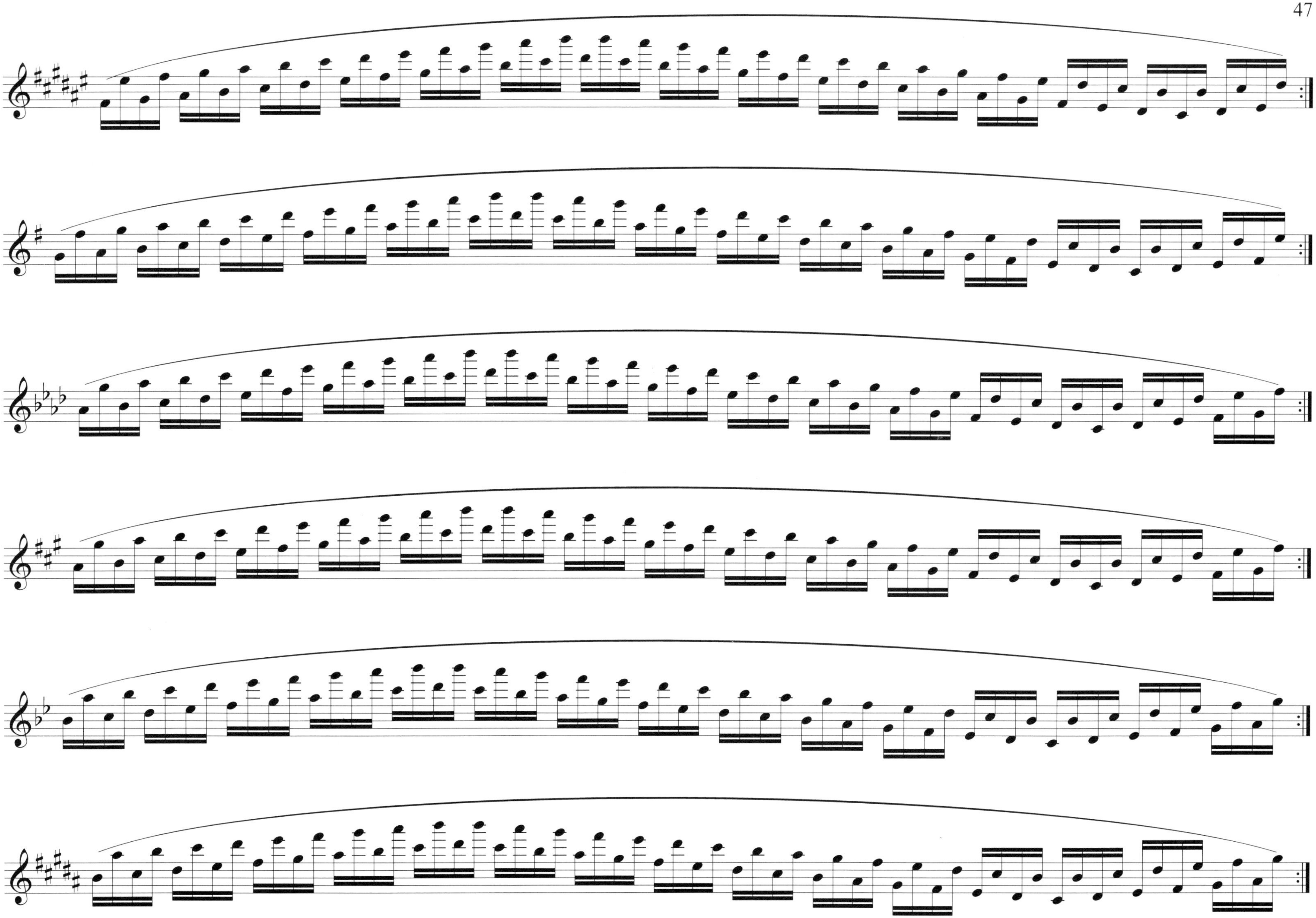

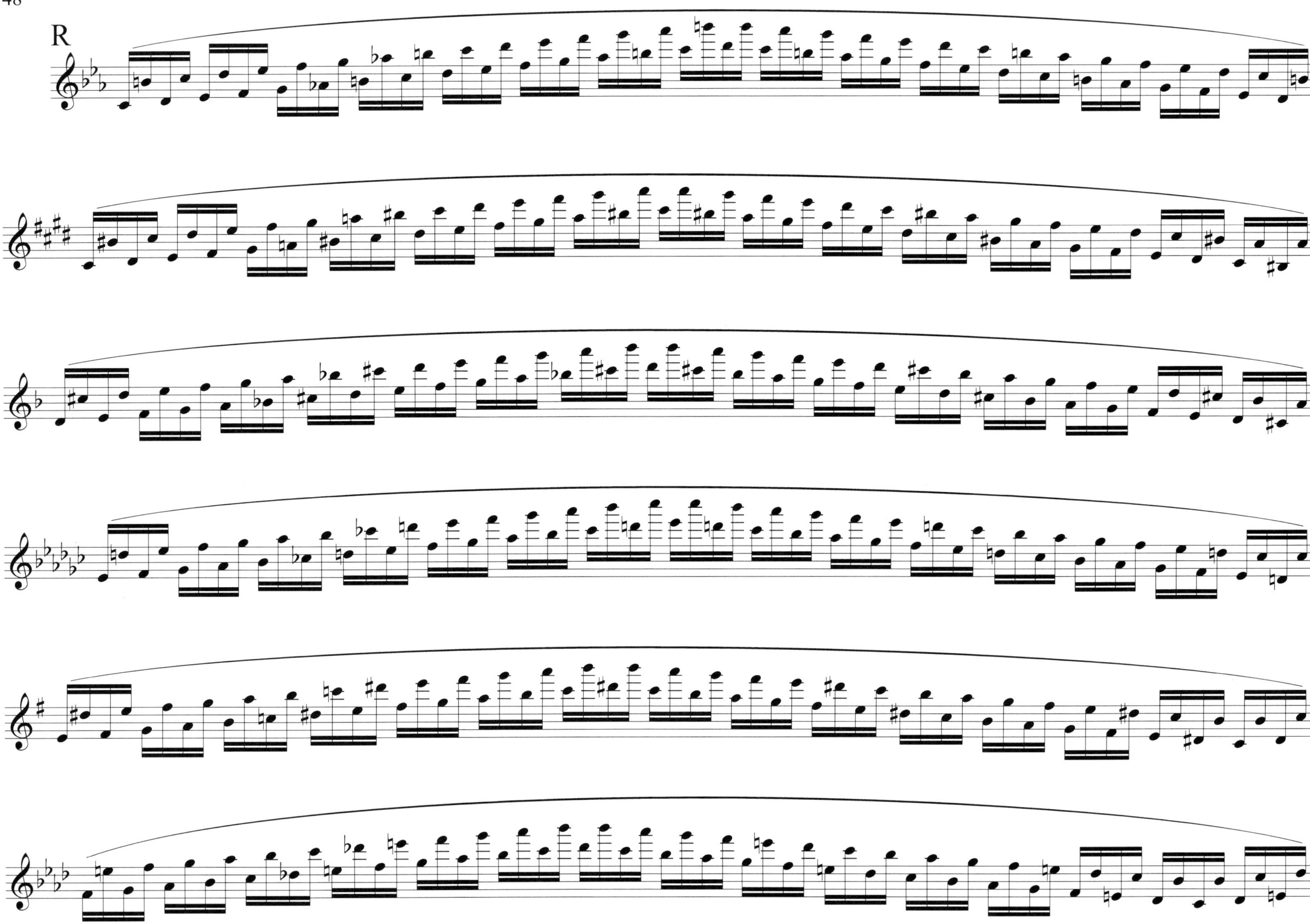
R

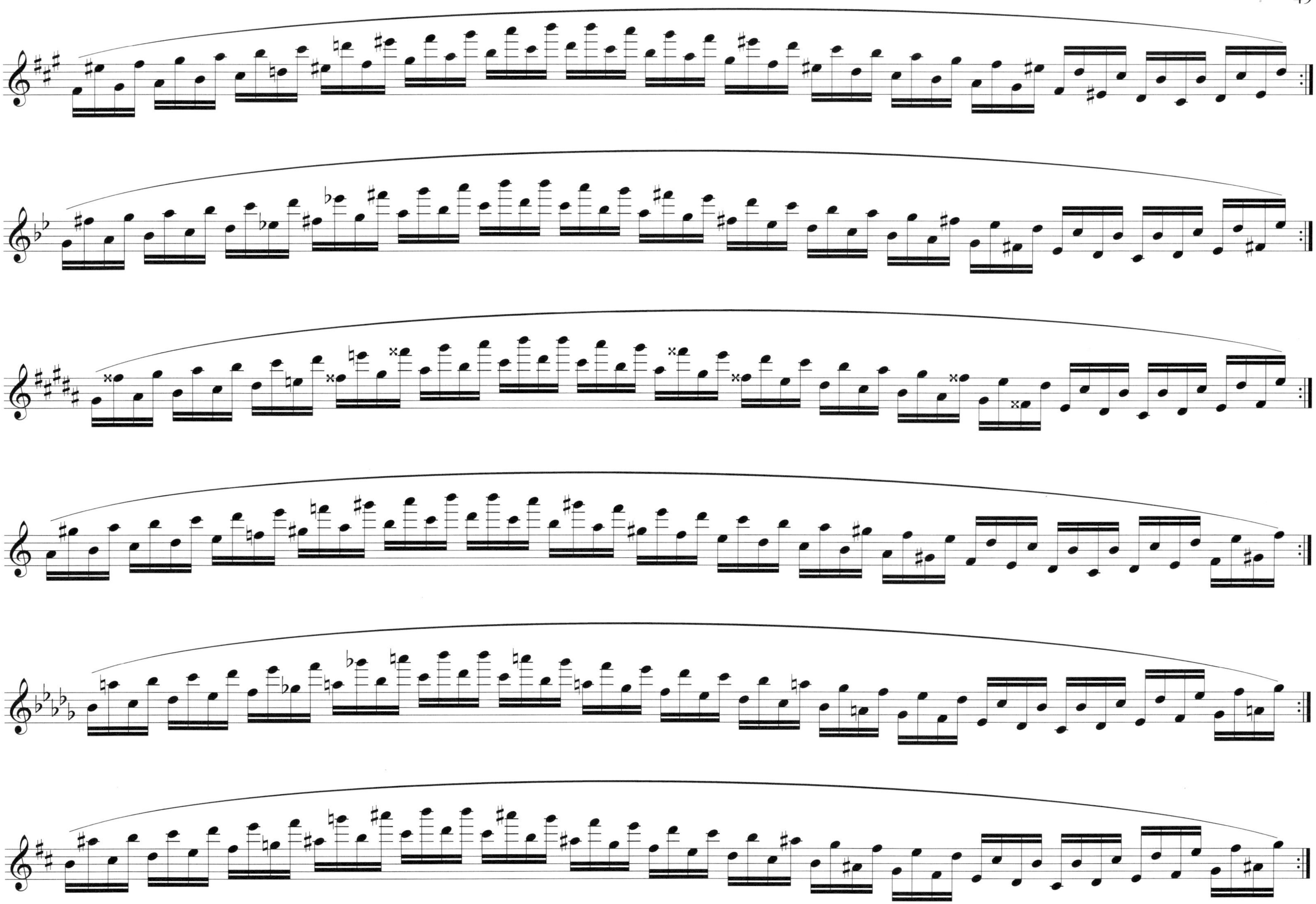

NO. 38

from *48 Études de virtuosité, 2e cahier*

A travailler ***pp*** et léger, ***ff*** et léger et dans plusieurs mouvements pour donner une complète indépendance dans cette articulation.

*To be practiced **pp** and lightly, **ff** and lightly, and various tempos so that complete freedom in the use of this articulation can be achieved.*

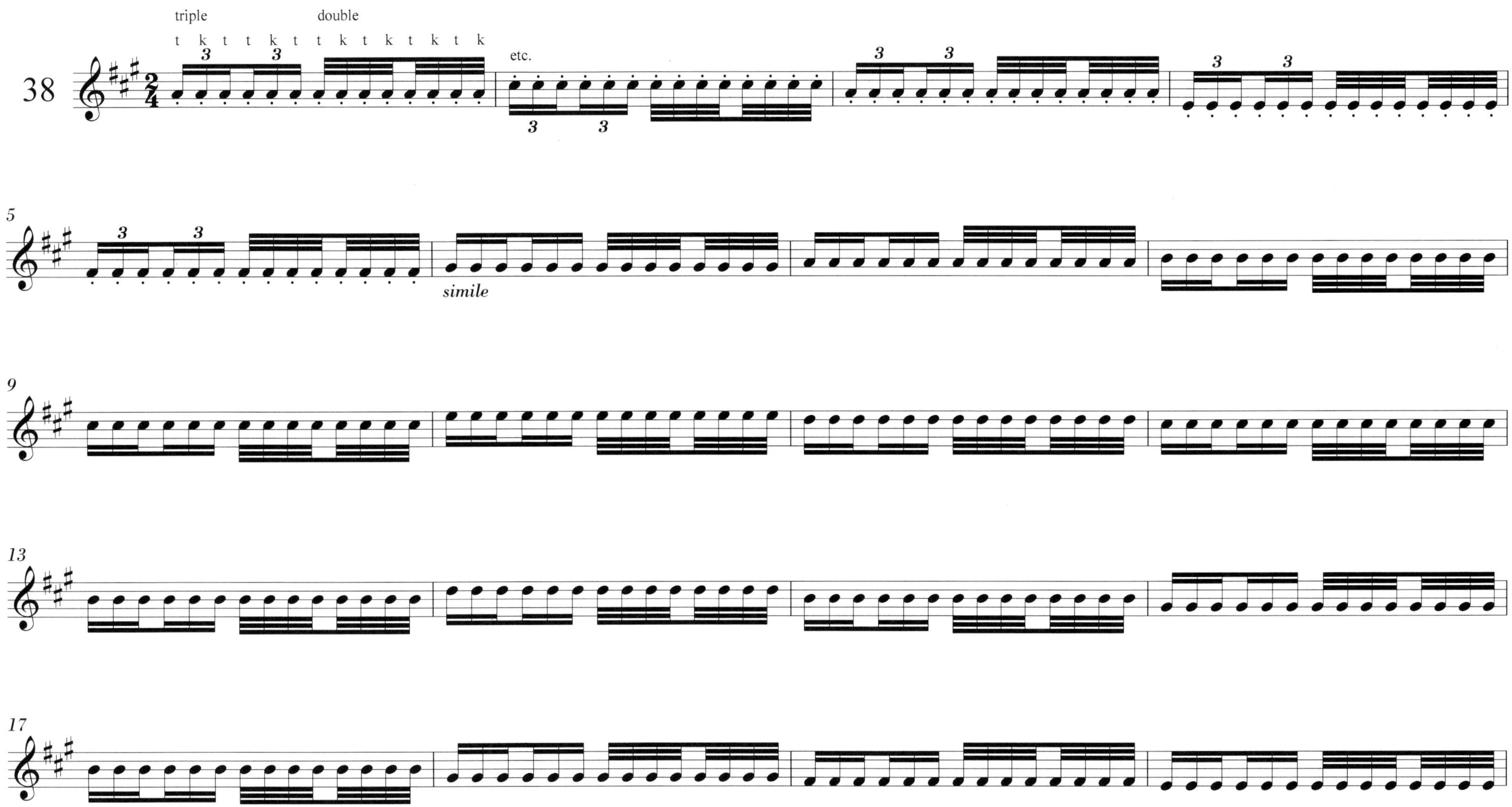

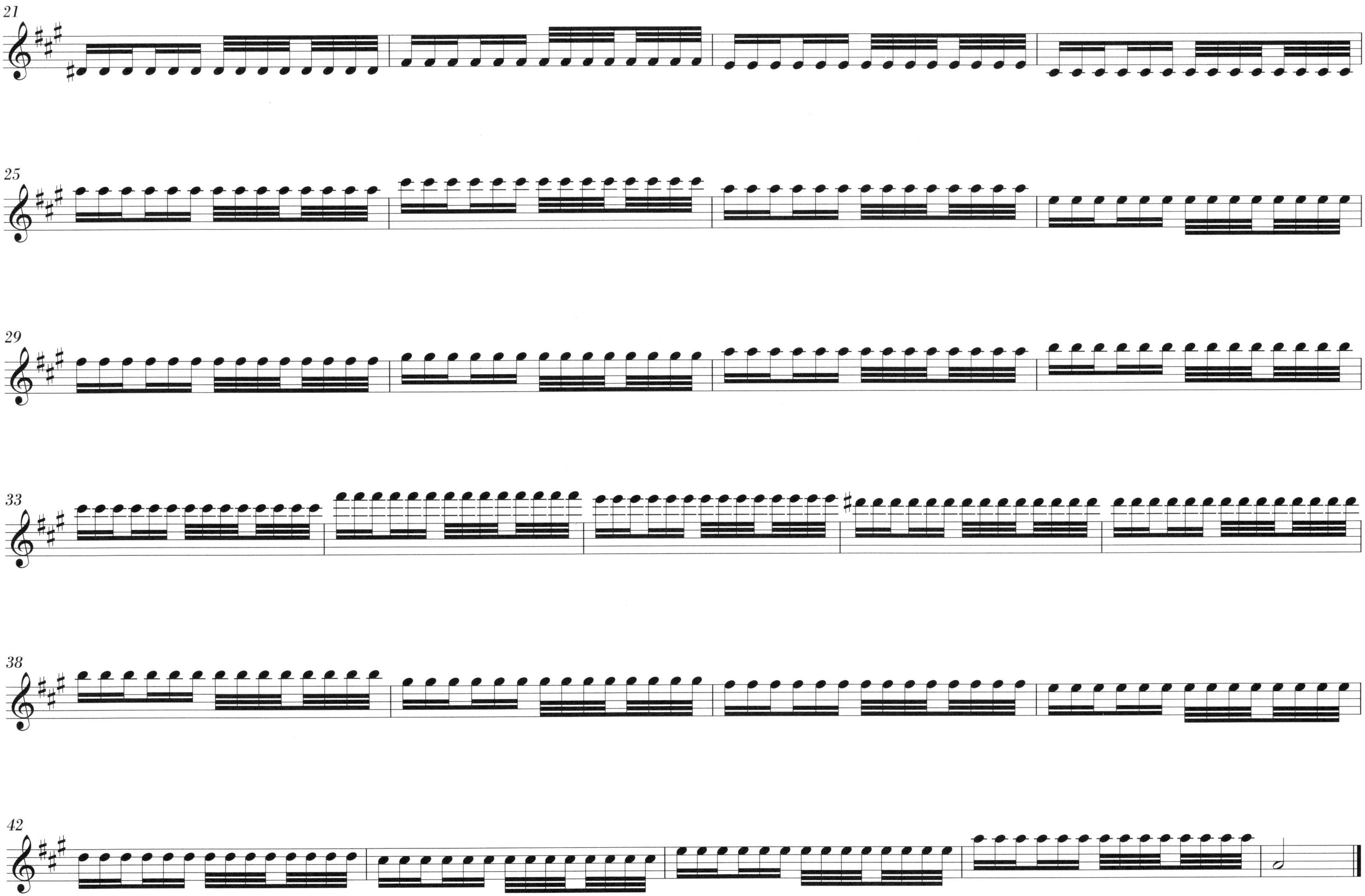
21
25
29
33
38
42

NO. 46

from *48 Études de virtuosité, 2e cahier*

Mêmes observations que pour l'Etude N° 38.
See note to Etude No. 38.

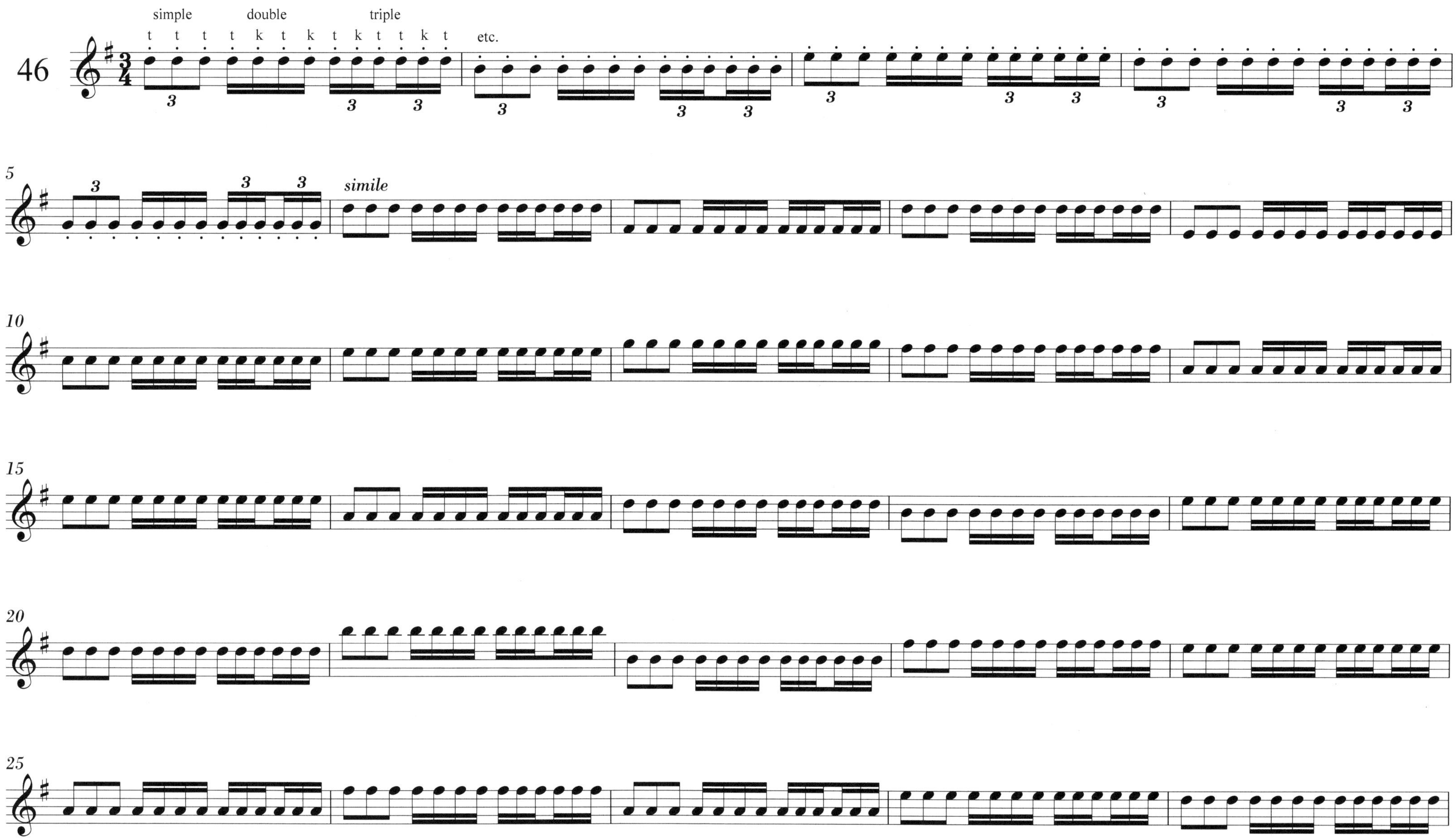

t k t t k t t k t k t t t
etc.

NO. 20

from *25 Études mélodiques avec variations*

Double coup de langue. Pour cette étude et ses 3 variations toutes les notes très courtes avec un léger accent sur la première de chaque mesure.
Double tonguing. For this study and its 3 variations all the notes very short with a light accent on the first of each bar.

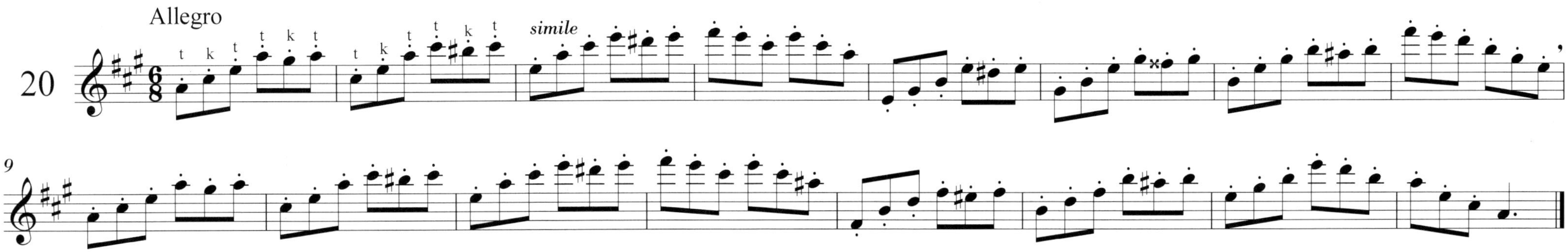

Allegro
2a Variazione
t k t t k t t k t t k t t k t t k t
simile
5
10
15
19
23
28

Allegro
3a Variazione
t k t t k t t k t t k t t k t t k t
simile